Italienisch in 30 Tagen

sprachen

ht

Die Sprachentitel in unserer Reihe:

Englisch in 30 Tagen	ht 11
Englisch für Fortgeschrittene	ht 61
Englisch lernen – Bild für Bild	ht 296
Französisch in 30 Tagen	ht 40
Französisch für Fortgeschrittene	ht 109
Französisch lernen – Bild für Bild	ht 297
Spanisch in 30 Tagen	ht 57
Spanisch lernen – Bild für Bild	ht 345
Italienisch in 30 Tagen	ht 55
Italienisch für Fortgeschrittene	ht 108
Italienisch lernen – Bild für Bild	ht 344
Russisch in 20 Lektionen	ht 81
Dänisch in 30 Tagen	ht 124
Serbokroatisch für den Urlaub	ht 183
Griechisch für den Urlaub	ht 373

Italienisch in 30 Tagen

Humboldt-Taschenbuchverlag

humboldt-taschenbuch 55
Verfasser: Dr. Cristina Mattedi
Umschlaggestaltung: Christa Manner, München
Umschlagfotos: Manfred M. Schmatz, München (Münzen)
und Anthony-Verlag, Starnberg (Polizist)
Text-Illustrationen: Herbert Horn, München

Abkürzungen

f = feminin
m = maskulin
pl = Plural

(Ansonsten werden die gemäß *Duden* üblichen Abkürzungen verwendet)

Druck: Presse Druck Augsburg
Printed in Germany
ISBN 3-581-66055-5
23*83

Inhalt

Einführung

Inhalt und Aufbau dieses italienischen Lehrbuches ermöglichen Ihnen ein rasches Eindringen in die Welt der italienischen Sprache.
Anhand von 30 Lektionen werden Sie mit Grund- und Aufbauwortschatz sowie mit den wesentlichen grammatischen Strukturen der italienischen Sprache vertraut gemacht.
Jede der 30 Lektionen behandelt ein Schwerpunktthema und gliedert sich auf in jeweils zwei Unterkapitel, die sich gegenseitig ergänzen: Das eine Mal besteht der italienische Text in Dialogen, die aus der Realität des italienischen Sprachalltags gegriffen sind; das andere Mal werden Sie anhand kurzer Erzählungen in sprachliche Grundmuster und typische Redewendungen eingeführt. So lernen Sie ganz automatisch die italienische Umgangssprache von heute kennen und sprechen.
Der systematische Aufbau dieses Lehrbuches eignet sich auch in ganz besonderer Weise für den problemlosen Selbstunterricht. Sie finden nach den Texten in italienischer Sprache eine wortgetreue deutsche Übersetzung; sodann folgt ein Grammatikteil, in dem die jeweils im Text neu hinzugekommene Grammatik behandelt wird. Reichliches Übungsmaterial ermöglicht es Ihnen, Ihr neu erworbenes Sprachwissen zu überprüfen und zu festigen. Eine Liste mit den in jedem Unterkapitel zum ersten Mal verwendeten Vokabeln komplettiert eine jede Lektion.
Besonders hilfreich ist die leicht verständliche Lautschrift, die in den ersten fünf Kapiteln den italienischen Texten beigegeben ist. Schwierig auszusprechende Wörter und solche, die nicht auf der vorletzten Silbe betont werden, sind dagegen im Wortschatz *aller* Lektionen mit Lautschrift versehen.
Dieses Lehrbuch vermittelt Ihnen originales Italienisch, mit dessen Hilfe Ihnen der Kontakt zu Land und Leuten, der Zugang zu Zivilisation und Kultur Italiens leichtfallen und noch mehr Freude bereiten wird.

Verfasser und Verlag

Aussprache und Lautschrift

1. Betonung

Das Italienische betont gewöhnlich die vorletzte Silbe eines Wortes. Abweichungen hiervon folgen keiner festen Regel. Wir haben daher immer, wenn die Betonung eines Wortes nicht auf der vorletzten Silbe liegt, das Wort in der Lautschrift umschrieben und den betonten Vokal fettgedruckt. Zum Beispiel: piccolo = *p**i**kkolo* („klein"), città = *tschitt**a*** („Stadt").

2. Vokale

Die Aussprache bereitet keine Schwierigkeiten, doch ist bei den Diphthongen, d.h. zwei Vokale folgen aufeinander, darauf zu achten, daß diese nicht miteinander verschmolzen werden. Vielmehr wird jeder für sich ausgesprochen. Zum Beispiel: paura = *pa**u**ra* („Angst"); Europa = *eur**o**pa,* nicht wie *oi* in „Leute", sondern als deutliche Abfolge *e-u* auszusprechen!

3. Konsonanten

Wo Besonderheiten der italienischen Schreibung oder der italienischen Aussprache dies erforderlich machen, ist das Wort im Vokabelverzeichnis auch in der Lautschrift wiedergegeben. In den ersten fünf Lektionen sind alle Texte mit Lautschrift versehen.

Folgende Besonderheiten müssen wir uns merken:

c und **g** werden vor **a**, **o**, **u** und vor Konsonanten stets wie **k** bzw. **g** gesprochen, vor **e** und **i** hingegen wie **tsch** bzw. **dsch.**

ch und **gh** werden wie **k** bzw. **g** gesprochen.

gl und **gn** werden wie **lj** bzw. **nj** gesprochen.

s vor oder zwischen Vokalen ist stets stimmlos wie in „reißen" – auch am Wortanfang! Gleiches gilt für das **s** vor **p** und **t**.

s vor stimmhaften Konsonanten (wie z. B. in sbaglio [„Irrtum"]) ist stimmhaft wie in „Sohn". – Das stimmhafte **s**, das sich in wenigen Wörtern auch zwischen Vokalen befinden kann, geben wir lautschriftlich ș wieder.

sch wird stets **sk** gesprochen. – **sk** ist auch die Aussprache für **sc** vor **a, o, u**.

sc vor **e** und **i** entspricht in der Lautung dem **sch** in „**schön**": scena = *schena.*

h ist stets stumm, **v** stets wie **w** in „**Wasser**".

z kann, ohne daß wir hier eine Regel geben könnten, stimmlos oder stimmhaft sein. Das stimmhafte **z** geben wir in der Lautschrift mit ẓ wieder. Beispiel für **stimmloses z**: grazie = *grazie* („danke"); Beispiel für **stimmhaftes z**: mezzo = *meẓẓo* („halb").

Die Schreibung des Italienischen

1. Groß- und Kleinschreibung

Grundsätzlich werden im Italienischen alle Wörter mit **kleinen** Anfangsbuchstaben geschrieben.

Ausgenommen sind Wörter am Satzanfang sowie Eigennamen. Außerdem werden die Wörter **Dio** *Gott* und **lo Stato** *der Staat* mit großen Anfangsbuchstaben geschrieben.

2. Zeichensetzung

Abweichungen vom Gebrauch der Satzzeichen im Deutschen bestehen im Italienischen vor allem bei der Setzung des Kommas: Vor Nebensätzen, die mit **se** *wenn* und **che** *daß* eingeleitet sind, sowie vor Infinitivsätzen steht im Italienischen kein Komma. Vor Relativsätzen fehlt das Komma ebenfalls, sofern sie zum Verständnis des Hauptsatzes erforderlich sind. Dagegen können - im Gegensatz zum Deutschen - adverbiale Bestimmungen in Kommata eingeschlossen werden.

3. Silbentrennung

Es sind folgende Regeln zu beachten:

a) Zwei oder mehr zusammenstehende Vokale werden nicht getrennt (na-zio-na-le *staatlich;* aiuo-la *Beet*).

b) Zwei gleiche Konsonanten werden getrennt (pùb-bli-co *öffentlich*).

c) s bildet mit den folgenden Konsonanten eine Einheit (na-stro *Band*).

d) Beginnen Konsonantengruppen mit l, m, n oder r, so wird zwischen ihnen und den folgenden Konsonanten getrennt (vel-tro *Windhund*).

e) Nicht getrennt werden die Konsonantengruppen ch, gh, gl und gn (fi-glio *Sohn*).

f) Die Vorsilben dis-, es-, in-, tras- u.a. werden als eigene Silben betrachtet (es-porre *ausstellen*).

g) Der Apostroph gilt nicht als Trennungszeichen (un'al-tra volta *ein anderes Mal*).

Grammatische Fachausdrücke und ihre Bedeutung

Adjektiv	Eigenschaftswort
Adverb	Umstandswort
Akkusativ	Wenfall, 4. Fall
Aktiv	Tätigkeitsform
Akzent	Zeichen zur Angabe der Tonqualität bestimmter Vokale
Artikel	Geschlechtswort
Dativ	Wemfall, 3. Fall
Deklination	Beugung von Substantiv, Adjektiv und Pronomen
Demonstrativpronomen	hinweisendes Fürwort
Diphthong	Zwielaut, Doppellaut (z.B. au, ei)
feminin	weiblich
final	Zweck, Absicht angebend
Futur	Zukunft
Genitiv	Wesfall, 2. Fall
Genus	Geschlecht
Gerundium	unveränderliche Verbform mit adverbialer Funktion
Imperativ	Befehlsform
Imperfekt	1. Vergangenheit
Indikativ	Wirklichkeitsform
Interrogativpronomen	Fragefürwort
intransitiv	Verben, die kein Akkusativobjekt nach sich ziehen
kausal	begründend
Komparativ	1. Steigerungsform
Konditional	Bedingungsform
Konjugation	Beugung des Verbs
konjugieren	beugen (Verb)
Konjunktion	Bindewort
Konjunktiv	Möglichkeitsform
Konsonant	Mitlaut
maskulin	männlich
Nominativ	Werfall, 1. Fall
Objekt	Satzergänzung

Orthographie	Rechtschreibung
Partizip	Mittelwort
Partizip Präsens	Mittelwort der Gegenwart
Partizip Perfekt	Mittelwort der Vergangenheit
Passiv	Leideform
Perfekt	vollendete Gegenwart, 2. Vergangenheit
Personalpronomen	persönliches Fürwort
Plural	Mehrzahl
Plusquamperfekt	Vorvergangenheit, 3. Vergangenheit
Possessivpronomen	besitzanzeigendes Fürwort
Prädikat	Satzaussage
Präposition	Verhältniswort
Präsens	Gegenwart
Pronomen	Fürwort
reflexiv	rückbezüglich
Reflexivpronomen	rückbezügliches Fürwort
Relativpronomen	bezügliches Fürwort
Singular	Einzahl
Subjekt	Satzgegenstand
Substantiv	Hauptwort
Superlativ	höchste Steigerungsstufe
transitiv	ein Verb, das ein Akkusativobjekt bei sich haben kann
temporal	zeitlich
Verb	Zeitwort
Vokal	Selbstlaut

Lezione 1 – Lektion 1

Un viaggio in Italia
Eine Reise nach Italien

I.1 Andiamo in Italia!

Peter e Karin Bauer studiano l'italiano da molto tempo.
*P. e K. B. st**u**diano litali**a**no da m**o**lto t**e**mpo.*

Sono in un corso a Monaco di Baviera. Oggi è l'ultima
*s**o**no in un k**o**rso a m**o**nako di bawi**e**ra. **o**ddschi e l**u**ltima*

lezione. Il maestro saluta gli allievi.
*lezi**o**ne. il ma**e**stro sal**u**ta lji alli**e**wi.*

(Karin: *K.*, Peter: *P.*, maestro: *M.*)
M. Il corso è finito. Bravi! La pronuncia è buona. La
*il k**o**rso e fin**i**to. br**a**wi! la pron**u**ntscha e bu**o**na. la*

grammatica è giusta. Lo studio è finito. Dove andate
grammatika e dschusta. lo studio e finito. dowe andate

in vacanza?
in wakanza?

P. Noi andiamo in Italia.
noi andiamo in italia.

K. Visitiamo le antiche città: Verona, Firenze e Roma e i
wiṣitiamo le antike tschitta: werona, firenze e roma e i

paesi.
paeṣi.

M. Benissimo. Un bel viaggio. Quando è la partenza?
benissimo. un bel wiaddscho. kuando e la partenza?

K. Domani.
domani.

M. In treno o in macchina?
in treno o in makkina?

P. In macchina.
in makkina.

M. Allora, buon viaggio e arrivederci!
allora buon wiaddscho e arriwedertschi!

I.2. Übersetzung

Auf nach Italien!

Peter und Karin Bauer lernen Italienisch seit langer Zeit. Sie sind in einem Kurs in München. Heute ist die letzte Lektion. Der Lehrer verabschiedet die Schüler.

(Karin: *K.*, Peter: *P.*, Lehrer: *M.)*
M. – Der Kurs ist zu Ende. Bravo! Die Aussprache ist gut. Die Grammatik ist richtig. Das Studium ist zu Ende. Wohin fahrt ihr in Urlaub? *P.* – Wir fahren nach Italien. *K.* – Wir besichtigen die alten Städte: Verona, Florenz und Rom und die Dörfer.

M. – Ausgezeichnet. Eine schöne Reise. Wann ist die Abreise? *K.* – Morgen. *M.* – Mit dem Zug oder mit dem Auto? *P.* – Mit dem Auto. *M.* – Also dann, gute Reise und auf Wiedersehen!

I.3. Grammatik

1. Der bestimmte Artikel

maskulin Singular	
il corso *der Kurs* **lo** { studio *das Studium* zio *der Onkel* **l'**allievo *der Schüler*	**il,** Plural **i** vor Konsonant außer **lo,** Plural **gli** vor s + Konsonant und z **l'**, Plural **gli** vor Vokal
maskulin Plural	
i corsi **gli** { studi zii **gli** allievi	
feminin Singular	
la partenza *die Abreise* **l'**italiana *die Italienerin*	**la,** Plural **le** vor Konsonant **l'**, Plural **le** vor Vokal
feminin Plural	
le partenze **le** italiane	

2. Genus und Numerus der Substantive

il corso – **i** corsi	maskulin sind fast alle Substantive auf **–o** (Plural **–i**)
la partenza – **le** partenze	feminin sind fast alle Substantive auf **–a** (Plural **–e**)
il paese – **i** paesi **la** lezione – **le** lezioni	Substantive auf **–e** können feminin oder maskulin sein (Plural **–i**)
il turista – **i** turisti *(der Tourist)* **la** turista – **le** turiste	Substantive auf **–a,** die männliche Lebewesen bezeichnen, sind maskulin und haben im Plural **–i**

1 I.4. Übungen

1. Setzen Sie den bestimmten Artikel vor die folgenden Substantive: corso, lezione, maestro, allievo, studio, zio, grammatica, pronuncia, viaggio, vacanza, partenza, treno, macchina.

2. Setzen Sie die oben genannten Substantive und Artikel in den Plural.

3. Übersetzen Sie:
Der Kurs ist zu Ende. Die Aussprache ist gut. Die Grammatik ist richtig. Das Studium ist zu Ende. Wir fahren nach Italien. Wir fahren mit dem Auto. Der Lehrer verabschiedet die Schüler. Gute Reise!

I.5. Wortschatz

la lezione	Lektion
prima	erste
andiamo	(wir) fahren, gehen
in	nach, in
andiamo in Italia *andi**a**mo in it**a**lia*	wir fahren nach Italien
e	und
studiano *st**u**diano*	(sie) lernen
l'italiano	das Italienische
da	seit, zu, von
molto	viel, sehr
tempo	Zeit, Wetter
sono	(sie) sind
un corso	ein Kurs
a	in, zu
di	von
Monaco di Baviera *m**o**nako*	München (in Bayern)
oggi ***o**ddschi*	heute
è	ist
l'ultima ***u**ltima*	die letzte
il maestro *il ma**e**stro*	Lehrer
saluta	begrüßt, verabschiedet
gli allievi *lji alli**e**wi*	Schüler
finito	zu Ende, fertig
bravi	tüchtig, brav
la pronuncia *la pron**u**ntscha*	Aussprache
buona *bu**o**na*	gut
la grammatica *la gramm**a**tika*	Grammatik
giusta *dsch**u**sta*	richtig
lo studio	Studium
dove	wo, wohin
andate	(ihr) fahrt, geht
in vacanza	in Urlaub
noi	wir
visitiamo *wisiti**a**mo*	(wir) besichtigen
antiche	alt, antik
le città *le tschitt**a***	Städte
Firenze	Florenz
i paesi *i pae**s**i*	Dörfer, Länder
benissimo	ausgezeichnet, sehr gut

bel, bello	schön	o	oder
il viaggio *il wiaddscho*	Reise	in macchina *in makkina*	mit dem Auto
quando	wann	allora	also, dann
la partenza	Abreise	buon viaggio	gute Reise
domani	morgen	arrivederci *arriwedertschi*	auf Wiedersehen
in treno	mit dem Zug		

II.1. La partenza

La macchina è pronta. Anche la valigia e le borse. Ci
la makkina e pronta. anke la walidscha e le borse. tschi

sono i vestiti leggeri per il mare e per la città. Uno
sono i westiti leddscheri per il mare e per la tschitta. uno

scialle e una gonna elegante per l'opera. Per Peter c'è un
schalle e una gonna elegante per lopera. per P. tsche un

abito scuro. C'è anche una guida per l'Italia e per il
abito skuro. tsche anke una guida per litalia e per il

viaggio, un panino per Peter e un'arancia per Karin . . .
wiaddscho, un panino per P. e unarantscha per K. . . .

eh sì, la dieta!
e si, la dieta!

II.2. Übersetzung

Die Abreise

Das Auto steht bereit. Auch der Koffer und die Taschen. Darin sind die leichten Kleider für das Meer und für die Stadt. Ein Schal und ein eleganter Rock für die Oper. Für Peter gibt es einen dunklen Anzug. Es gibt auch einen Führer für Italien und für die Reise, ein Brötchen für Peter und eine Orange für Karin . . . tja, die Diät.

II.3. Grammatik

Der unbestimmte Artikel

maskulin	
un corso **un** allievo **uno** { studio, zio	**un** vor Vokal und Konsonant außer **uno** vor s + Konsonant und z
feminin	
una partenza **un'**arancia	**una** vor Konsonant **un'** vor Vokal

II.4. Übungen

Setzen Sie den unbestimmten Artikel vor folgende Substantive:
macchina, gonna, viaggio, vestito, scialle, abito, arancia, panino, zio.

II.5. Wortschatz

pronta	fertig
anche	auch
la valigia *la wal**i**dscha*	Koffer
la borsa	Tasche
ci sono *tschi s**o**no*	es gibt, hier sind
il vestito	Kleid, Anzug
leggero *leddsch**e**ro*	leicht
per	für
il mare	Meer
lo scialle *lo sch**a**lle*	Schal
la gonna	Rock
elegante	elegant
l'opera *f*	Oper
c'è *tsche*	es gibt
l'abito	Anzug
scuro	dunkel
la guida	Führer
il panino	Brötchen
l'arancia *f* *lar**a**ntscha*	Orange
eh!	ach!, eh!
sì	ja
eh sì!	ach ja!, tja!
la dieta *la di**e**ta*	Diät

Lezione 2 – Lektion 2

Al confine

An der Grenze

I.1. Alla dogana

Ecco il Brennero! Al confine c'è una coda di macchine.
__e__kko il br__e__nnero! al konf__i__ne tsche __u__na k__o__da di m__a__kkine.

Pazienza!
pazi__e__nza!

(Peter: *P.*, il doganiere: *D.*)
D. Buon giorno signori!
bu__o__n dsch__o__rno sinj__o__ri!

P. Buon giorno!
bu__o__n dsch__o__rno!

D. Parla italiano?
p__a__rla itali__a__no?

2

P. Sì, abbastanza.
si abbastanza.

D. I passaporti per favore. Ha qualcosa da dichiarare?
i passaporti per fawore. a kualkosa da dikiarare?

Sigarette o valori?
sigarette o walori?

P. No, solo cose personali per il viaggio.
no solo kose personali per il wiaddscho.

D. Per favore apra la valigia grande.
per fawore apra la walidscha grande.

P. Sì subito.
si subito.

D. C'è una macchina fotografica. È usata o nuova?
tsche una makkina fotografika e uṣata o nuowa?

P. È usata.
e uṣata.

D. Oh, e questo piccolo pacchetto?
o. e kuesto pikkolo pakketto?

P. È un libro italiano, un piccolo regalo per un amico di
e un libro italiano un pikkolo regalo per un amiko di

Verona.
werona.

D. E questo?
e kuesto?

P. È una bella giacca di loden rossa per un'amica italiana.
e una bella dschakka di loden rossa per unamika italiana.

D. C'è altro?
tsche altro?

P. No.
no.

D. Va bene, signore. Grazie e buon viaggio.
wa bene sinjore. grazie e buon wiaddscho.

P. Prego, arrivederci.
prego arriwedertschi.

I.2. Übersetzung

Am Zoll

Sieh da, der Brenner! An der Grenze steht eine Autoschlange. Geduld!

(Peter: *P.*, Zöllner: *D.*)
D. – Guten Tag, meine Herrschaften! *P.* – Guten Tag! *D.* – Sprechen Sie Italienisch? *P.* – Ja, genügend. *D.* – Die Pässe bitte. Haben Sie etwas anzumelden? Zigaretten oder Wertgegenstände? *P.* – Nein, nur persönliche Dinge für die Reise. *D.* – Bitte öffnen Sie den großen Koffer. *P.* – Ja, sofort. *D.* – Da ist ein Photoapparat. Ist er gebraucht oder neu? *P.* – Er ist gebraucht. *D.* – Oh, und dieses kleine Päckchen? *P.* – Es ist ein italienisches Buch, ein kleines Geschenk für einen Freund aus Verona. *D.* – Und dieses? *P.* – Es ist eine schöne rote Lodenjacke für eine italienische Freundin. *D.* – Gibt es noch etwas? *P.* – Nein. *D.* – In Ordnung, mein Herr. Danke und gute Reise. *P.* – Bitte, auf Wiedersehen.

I.3. Grammatik

1. Genus und Numerus der Adjektive

a) il regalo piccol**o** la macchina piccol**a** i regali piccol**i** le macchine piccol**e**	Es gibt zwei Arten von Adjektiven: a) für das männliche Geschlecht die Endung **-o,** Plural **-i,** für das weibliche **-a,** Plural **-e.**
b) il regalo grand**e** la macchina grand**e** i regali grand**i** le macchine grand**i**	b) für beide Geschlechter die gleiche Endung: Singular: **-e,** Plural **-i.**

2. Übereinstimmung mit dem Substantiv

a) il regalo piccol**o** le macchine grand**i** b) il regalo è piccol**o** le macchine sono grand**i**	Das Adjektiv richtet sich in Genus und Numerus immer nach dem Substantiv, auf das es sich bezieht, sowohl in Stellung a) als auch b).

I.4. Übungen

1. Setzen Sie in den Plural:
la cosa personale, la macchina nuova, la macchina grande, il pacchetto piccolo, il libro italiano, il passaporto italiano.

2. Übersetzen Sie:
An der Grenze steht eine Autoschlange. Sprechen Sie Italienisch? Haben Sie etwas anzumelden? Bitte öffnen Sie den großen Koffer. Der Photoapparat ist gebraucht. Es ist ein italienisches Buch für einen Freund. Es ist eine schöne Lodenjacke für eine italienische Freundin.

I.5. Wortschatz

il confine	Grenze	ha *a*	(er, sie, es) hat, (Sie) haben
al confine	an der Grenze		
alla dogana	am Zoll	qualcosa *kualk**o**sa*	etwas
ecco	sieh da, hier ist, hier sind	da dichiarare	anzumelden
il Brennero *il br**e**nnero*	der Brenner	la sigaretta	Zigarette
		i valori	Wertsachen
la coda	Reihe, Schlange	no	nein
la pazienza	Geduld	solo	nur
il doganiere	Zöllner	la cosa	Ding, Sache
buon giorno *bu**o**n dsch**o**rno*	guten Tag	personale	persönlich
		apra	öffnen Sie
il signore *il sinj**o**re*	Herr	grande	groß
		subito	sofort
parla	(er, sie, es) spricht, (Sie) sprechen	la macchina fotografica *la m**a**kkina fotogr**a**fika*	Photoapparat
abbastanza	genügend		
il passaporto	Paß	usato *uṣ**a**to*	gebraucht
per favore	bitte	nuovo *nu**o**wo*	neu

questo *kuesto*	dieser, dieses	rosso	rot
piccolo *pikkolo*	klein	l'amica *f*	Freundin
il pacchetto	Päckchen	altro	anderer, anderes
il libro	Buch	va bene	in Ordnung
il regalo	Geschenk	grazie	danke
l'amico *m*	Freund	prego	bitte
la giacca di loden *la dschakka di loden*	Lodenjacke		

II.1. Un piccolo ristoro

Dopo il confine Peter e Karin entrano in un bar della
dopo il konfine P. e K. entrano in un bar della

autostrada. Ordinano due espressi forti, e dopo due aranciate
autostrada. ordinano due espressi forti e dopo due arantschate

fresche, due buoni panini e un pacchetto di sigarette. Il barista
freske due buoni panini e un pakketto di sigarette. il barista

è molto gentile e allegro. Che bella l'Italia e che persone
e molto dschentile e allegro. ke bella litalia e ke persone

gentili!
dschentili!

II.2. Übersetzung

Eine kleine Erfrischung

Nach der Grenze gehen Peter und Karin in ein Café der Autobahn. Sie bestellen zwei starke Espressos und dann zwei frische Orangensäfte, zwei gute belegte Brote und eine Schachtel Zigaretten. Der Kellner ist sehr freundlich und lustig. Wie schön Italien ist und was für freundliche Personen!

II.3. Grammatik

1. Stellung des Adjektivs

l'aranciata fresca il bar piccolo il piccolo bar	Die Adjektive stehen gewöhnlich nach den Substantiven. Die kurzen und sehr gebräuchlichen werden meistens vorangestellt, können aber auch nachstehen.
una buona aranciata fresca un'aranciata buona e fresca	Hat ein Substantiv zwei Adjektive, so steht eines davor und das andere dahinter; oder sie stehen beide vor oder nach dem Substantiv und werden durch **e** *(und)* verbunden
la prima lezione l'ultima lezione l'altro pacchetto	Vor dem Substantiv müssen stehen: Ordnungszahlen, altro *(anderer, anderes),* und ultimo *(letzter).*
l'amica italiana la macchina rossa	Nach dem Substantiv stehen Adjektive, die eine Nationalität, Farbe oder Religion bezeichnen.

2. Besonderheiten von buono

un buon **v**iaggio un buon **a**llievo un buon**o st**udio un buon**o z**io	buono verliert vor maskulinen Substantiven, die mit Vokal oder Konsonant beginnen, das Endungs -o, nicht aber vor s + Konsonant und z.

II.4. Übungen

Setzen Sie zu den folgenden Substantiven die richtige Form der Adjektive und achten Sie auf die Stellung:
il caffè (buono), la lezione (primo), il viaggio (buono), il barista (gentile), il bar (piccolo), l'espresso (forte), l'aranciata (buono, fresco), lo zio (buono), lo studio (buono).

II.5. Wortschatz

il ristoro	Erfrischung
dopo	nach, nachher
entrano *entrano*	(sie) treten ein
il bar	Café, Bar
l'autostrada *f*	Autobahn
ordinano ***ordinano***	(sie) bestellen
due *d**u**e*	zwei
l'espresso *m*	Espresso
forte	stark
l'aranciata *f* *larantsch**a**ta*	Orangensaft
fresco	frisch
il barista	Kellner
gentile *dschent**i**le*	freundlich
allegro	lustig, fröhlich
che bello	wie schön
la persona	Person

Lezione 3 – Lektion 3

Una sosta

Eine Rast

I.1. Al casello dell'autostrada

L'autostrada è molto monotona. Dopo quattro ore di viaggio
*lautostr**a**da e m**o**lto monot**o**na. d**o**po ku**a**ttro **o**re di wi**a**ddscho*

Peter e Karin sono stanchi.
*P. e K. s**o**no st**a**nki.*

(Peter: *P.*,Karin: *K.*, impiegato: *I.*)

P. Come stai?
*k**o**me st**a**i?*

K. Non molto bene. Sono stanca morta. Ho voglia di fare
*non m**o**lto b**e**ne. s**o**no st**a**nka m**o**rta. o w**o**lja di f**a**re*

una sosta. Ho fame e sete. E tu come stai? Sei stanco?
***u**na s**o**sta. o f**a**me e s**e**te. e tu k**o**me st**a**i? s**e**i st**a**nco?*

P. Sì, sono stufo di guidare e ho sonno. È meglio fare una
si sono stufo di guidare e o sonno. e meljo fare una

sosta, prendere un buon caffè forte e mangiare qualcosa.
sosta prendere un buon caffe forte e mandschare kualkosa.

Usciamo al casello di Bolzano. Sei d'accordo?
uschamo al kasello di bolzano. sei dakkordo?

K. Eccome!
ekkome!

Al casello
al kasello

I. Il biglietto, per favore.
il biljetto per fawore.

P. Un momento, accidenti, dov'è il biglietto? Karin dove
un momento attschidenti dowe il biljetto? K. dowe

abbiamo il biglietto?
abbiamo il biljetto?

K. Che confusione! Ah, ecco, è qui sotto il giornale.
ke konfuṣione! a ekko e kui sotto il dschornale.

I. Finalmente! Un'altra volta deve preparare prima il biglietto.
finalmente! unaltra wolta dewe preparare prima il biljetto.

Fa millesettecento lire (1.700).
fa millesettetschento lire.

P. Ecco due mila lire (2.000).
ekko due mila lire.

I. Ha le duecento lire (200)? Non ho moneta per il resto.
a le duetschento lire? non o moneta per il resto.

Presto, non c'è molto tempo. Ho fretta perchè ci sono
presto non tsche molto tempo. o fretta perke tschi sono

molte macchine.
molte makkine.

3 *P.* Un momento, un momento. Che maniere sono queste!
un momento un momento. ke maniere sono kueste!

Ecco i soldi!
ekko i soldi.

I.2. Übersetzung

An der Mautstelle der Autobahn

Die Autobahn ist sehr monoton. Nach vier Stunden Fahrt sind Peter und Karin müde.

(Peter: *P.*, Karin: *K.*, Angestellter: *I.*)
P. Wie geht es dir? *K.* - Nicht besonders gut. Ich bin todmüde. Ich habe Lust, eine Pause zu machen. Ich habe Hunger und Durst. Und wie geht es dir? Bist du müde? *P.* - Ja, ich habe es satt zu fahren und bin schläfrig. Es ist besser, eine Rast zu machen, einen guten, starken Kaffee zu trinken und etwas zu essen. Fahren wir an der Mautstelle von Bozen raus. Bist du einverstanden? *K.* - Und wie!

An der Mautstelle
I. - Die Mautkarte bitte. *P.* - Augenblick, verflucht, wo ist die Karte? Karin, wo haben wir die Mautkarte? *K.* Was für eine Unordnung! Ah, hier ist sie, unter der Zeitung. *I.* - Endlich! Ein anderes Mal müssen Sie die Karte vorher bereitlegen. Es macht 1.700 Lire. *P.* - Hier sind 2.000 Lire. *I.* - Haben Sie 200 Lire? Ich habe kein Kleingeld für das Wechselgeld. Schnell, es ist nicht viel Zeit. Ich habe es eilig, weil noch viele Autos da sind. *P.* - Augenblick, Augenblick. Was sind das für Manieren! Hier ist das Geld!

I.3. Grammatik

1. Präsens von avere *(haben)* und essere *(sein)*

(io)	ho	*ich*	*habe*
(tu)	hai	*du*	*hast*
(lui, lei, Lei)	ha	*er, sie, es*	*hat, Sie haben*
(noi)	abbiamo	*wir*	*haben*
(voi)	avete	*ihr*	*habt*
(loro, Loro)	hanno	*sie, Sie*	*haben*
(io)	sono	*ich*	*bin*
(tu)	sei	*du*	*bist*
(lui, lei, Lei)	è	*er, sie, es*	*ist, Sie sind*
(noi)	siamo	*wir*	*sind*
(voi)	siete	*ihr*	*seid*
(loro, Loro)	sono	*sie, Sie*	*sind*

2. Zum Gebrauch der Personalpronomen

ho fame abbiamo sete	Die Personalpronomen werden in der Regel weggelassen.
lui ha sete **lei** ha fame	Bei der 3. Person Singular werden sie gebraucht, um Verwechslungen zu vermeiden.
io ho fame e **tu?** **io** ho fame, non **tu!**	Die Personalpronomen werden gebraucht, wenn sie besonders hervorgehoben oder voneinander unterschieden werden sollen.

Lei è nervoso Loro sono nervosi Voi siete nervosi	Die Höflichkeitsform wird im Singular mit der 3. Person Sing. gebildet. Im Plural mit der 3. Person Plural; in der Umgangssprache mit der 2. Pers. Plural.

3. C'è – ci sono

C'è una coda di macchine Ci sono molte macchine	Diese Formen werden mit essere im Zusammenhang mit einer örtlichen Bestimmung gebraucht. Sie entsprechen dem Deutschen *es gibt* und *da sind.*

I.4. Übungen

1. Setzen Sie die richtige Form von avere oder essere ein:
Peter . . . fame. Karin . . . stanca. Peter e Karin . . . fretta. L'impiegato . . . nervoso. Noi . . . sete e voi . . . sete? Signore, Lei . . . troppo nervoso. Io . . . stanca e tu . . . stanco?

2. C'è oder ci sono? Setzen Sie den richtigen Ausdruck ein:
Al confine . . . una coda di macchine. Nella valigia . . . i vestiti estivi. Al casello . . . molte macchine.

3. Übersetzen Sie?
Karin und Peter sind müde. Wie geht es dir? Nicht besonders gut. Ich bin müde. Ich habe Lust, eine Pause zu machen. Ich habe Hunger, und du? Ich bin schläfrig. Wo ist die Mautkarte? Haben Sie Kleingeld, bitte? Schnell, ich habe es eilig. Es stehen viele Autos da. Was sind das für Manieren?

I.5. Wortschatz

la sosta	Aufenthalt, Rast	il sonno	Schlaf
il casello	Mauthäuschen	ho sonno	ich bin schläfrig
monotono *mon**o**tono*	monoton	meglio *meljo*	besser
quattro *ku**a**ttro*	vier	prendere *pr**e**ndere*	nehmen, holen
l'ora *f*	Stunde	il caffè *il kaff**e***	Kaffee
stanco	müde	mangiare *mandsch**a**re*	essen
l'impiegato *m*	Angestellter	usciamo *usch**a**mo* (uscire) *(usch**i**re)*	wir gehen (fahren) hinaus (hinausgehen, -fahren)
come	wie	Bolzano	Bozen
stare	bleiben	d'accordo	einverstanden
come stai? *kome st**a**i*	wie geht es dir?	eccome	und wie
non	nicht	il biglietto *il biljetto*	Mautkarte, Karte
non sto molto bene	es geht mir nicht sehr gut	il momento	Augenblick, Moment
morto	tot	accidenti *attschidenti*	verflucht
la voglia *la w**o**lja*	Lust	che confusione	welche Unordnung
fare	machen	qui *kui*	hier
la fame	Hunger		
la sete	Durst		
sono stufo	ich habe es satt		
guidare	fahren, lenken		

sotto	unten, unter
il giornale *il dschornale*	Zeitung
finalmente	endlich
la volta	Mal
deve (dovere)	Sie müssen (müssen)
preparare	vorbereiten
fa (fare)	es macht (machen)
la moneta	Kleingeld
il resto	Wechselgeld
presto	schnell
la fretta	Eile
perchè	weil, warum
che maniere *ke maniere*	was für Manieren
i soldi	Geld

II.1. A Bolzano

Karin e Peter sono al centro di Bolzano. Come stanno adesso?
K. e P. sono al tschentro di bolzano. kome stanno adesso?

Peter sta abbastanza bene. Ha solo un po' caldo. Karin
P. sta abbastanza bene. a solo un po kaldo. K.

invece sta molto bene. Ha voglia di fare un giro. È in
inwetsche sta molto bene. a wolja di fare un dschiro. e in

vacanza e finalmente ha molto tempo. Ci sono tanti negozi
wakanza e finalmente a molto tempo. tschi sono tanti negozi

eleganti e molte boutiques interessanti. Hanno cose originali,
eleganti e molte butik interessanti. anno kose oridschinali

ma care. Intanto Peter è al bar, mangia un gelato e
ma kare. intanto P. e al bar mandscha un dschelato e

aspetta. Karin è in ritardo naturalmente!
aspetta. K. e in ritardo naturalmente!

II.2. Übersetzung

In Bozen

Karin und Peter sind im Zentrum von Bozen. Wie geht es ihnen? Peter geht es einigermaßen gut! Ihm ist nur ein wenig heiß. Karin hingegen geht es sehr gut. Sie hat Lust, einen Spaziergang zu machen. Sie ist im Urlaub und hat endlich viel Zeit. Es gibt viele elegante Geschäfte und interessante Boutiques. Sie haben originelle Sachen, aber teuer. Inzwischen bleibt Peter in einem Café, ißt ein Eis und wartet. Karin hat Verspätung, natürlich.

II.3. Grammatik

1. Präsens des Verbs stare *(sich befinden, bleiben)*

Singular	sto stai sta	Plural	stiamo state stanno

2. Redewendungen im Zusammenhang mit stare

come stai? *(Wie geht es dir?)*	Auf die Frage come stai können folgende Antworten stehen, dabei kann das Verb stare in der Antwort auch entfallen:
(sto) bene grazie	*mir geht es gut, danke*
(sto) abbastanza bene	*es geht mir ganz gut*
(sto) così così	*es geht so*
(sto) male	*es geht mir schlecht*
non sto bene	*es geht mir nicht gut*

II.4. Übungen

1. Setzen Sie die richtige Form von stare ein:

Karin non . . . bene. Io . . . bene e voi come . . .? Noi . . . abbastanza bene. Peter . . . male. Signore, come . . .? E tu, come . . .? I signori . . . bene.

2. Übersetzen Sie:

Peter ist heiß. Karin hat Hunger und Durst. Ich bin schläfrig. Karin hat Verspätung. Sie hat Lust, einen Spaziergang zu machen. Du hast es eilig. Wir haben Zeit.

II.5. Wortschatz

il centro *il tschentro*	Zentrum	invece inw*etsche*	hingegen, dagegen
adesso	jetzt	il giro *il dschiro*	Runde
bene	gut	tanto	viel
un po'	ein wenig	il negozio	Geschäft
caldo	warm	la boutique *butik*	Boutique

interessante	interessant
originale *oridschin**a**le*	originell
ma	aber
caro	teuer, lieb
intanto	inzwischen
il gelato *il dschel**a**to*	Eis

aspetta (aspettare)	wartet (warten)
il ritardo	Verspätung
essere in ritardo *essere in rit**a**rdo*	Verspätung haben
naturalmente	natürlich

Lezione 4 – Lektion 4

Arrivo a Verona
Ankunft in Verona

I.1. All'albergo

Verso sera Peter e Karin arrivano a Verona e cercano un
werso sera P. e K. arriwano a werona e tscherkano un

albergo in centro. Peter sfoglia la guida e trova l'indirizzo di
albergo in tschentro P. sfolja la guida e trowa lindirizzo di

un buon albergo. Karin ferma un ragazzo sulla moto e
un buon albergo. K. ferma un ragazzo sulla moto e

domanda:
domanda

(Karin: *K.*, ragazzo: *R.*, Peter: *P.*, portiere: *Po.*)

K. Scusa, cerchiamo l'albergo Capuleti, in via Dante. Ci
skusa tscherkiamo lalbergo kapuleti in wia dante. tschi

indichi la strada per favore?
indiki la strada per fawore?

R. È un po' complicato da qui. Ma seguitemi, vado in quella
e un po komplikato da kui. ma seguitemi wado in kuella

direzione.
direzione.

K. D'accordo. Tante grazie. Sei molto gentile.
dakkordo. tante grazie. sei molto dschentile.

All'albergo
allalbergo

P. Buona sera.
buona sera.

Po. Buona sera, signori. Desiderano?
buona sera sinjori. desiderano?

P. Una camera doppia con doccia o bagno per quattro
una kamera doppia kon dottscha o banjo per kuattro

giorni.
dschorni.

Po. Hanno prenotato?
anno prenotato?

P. No.
no.

Po. C'è una camera con doccia al terzo piano. Desiderano
tsche una kamera kon dottscha al terzo piano. desiderano

pensione completa?
pensione kompleta?

K. No, solo con colazione. Quanto costa?
no solo kon kolazione. kuanto kosta?

Po. Ventimila lire (20.000) al giorno.
wentimila lire al dschorno.

P. Va bene. Andiamo a vedere la camera.
wa bene. andiamo a wedere la kamera.

K. La camera va bene. È piccola ma tranquilla.
la kamera wa bene. e pikkola ma trankuilla.

Po. Allora mi lasci i documenti per favore. Questa è la
allora mi laschi i dokumenti per fawore. kuesta e la

chiave della camera. Vado a prendere le valige.
kiawe della kamera. wado a prendere le walidsche.

P. Tante grazie, molto gentile.
tante grazie molto dschentile.

I.2. Übersetzung

Im Hotel

Gegen Abend kommen Peter und Karin in Verona an und suchen ein Hotel im Zentrum. Peter blättert im Führer und findet die Adresse eines guten Hotels. Karin hält einen Jungen auf einem Motorrad an und fragt:

(Karin: *K.,* Junge: *R.,* Peter: *P.,* Portier: *Po.*)
K. - Entschuldige, wir suchen das Hotel Capuleti in der Dantestraße. Zeigst du uns bitte den Weg? *R.* - Es ist ein wenig kompliziert von hier aus. Aber folgt mir, ich fahre in die Richtung. *K.* - Einverstanden. Vielen Dank. Du bist sehr nett.

Im Hotel
P. - Guten Abend. *Po.* - Guten Abend, meine Herrschaften. Sie wünschen? *P.* - Haben Sie ein Doppelzimmer mit Dusche oder Bad für vier Tage? *Po.* - Haben Sie vorbestellt? *P.* - Nein, *Po.* - Es gibt ein Zimmer mit Dusche im dritten Stock. Wünschen Sie Vollpension? *K.* - Nein, nur mit Frühstück. Wie teuer ist es? *Po.* - Es macht 20.000 Lire pro Tag. *P.* - In Ordnung. Gehen wir das Zimmer anschauen. *K.* - Das Zimmer ist gut. Es ist klein, aber ruhig. *Po.* - Dann lassen Sie mir bitte die Ausweise hier. Das ist der Zimmerschlüssel. Ich hole die Koffer. *P.* - Vielen Dank, sehr nett von Ihnen.

I.3. Grammatik

1. Präsens Indikativ der 1. Konjugation (Verben auf -are)

trov-**are** *(finden)*	Die Infinitivendung -are wird abgetrennt und die Präsensendung wird an den Stamm angehängt. Nur die 1. und 2. Person Plural sind endungsbetont, die übrigen stammbetont.
trov-**o** trov-**i** trov-**a** trov-**iamo** trov-**ate** trov-**ano**	
arrivano	Verben mit einem zwei- oder mehrsilbigen Stamm werden in der 3. Person Plural auf der dritt- bzw. viertletzten Silbe betont.

2. Zur Aussprache und Schreibweise

cerc-**are** *(suchen)*	Bei Verben auf -gare und -care bleibt der harte Laut erhalten. Deshalb fügt man vor -i und-e ein -h- ein.
cerc-**o** cerc-**h-i** cerc-**a** cerc-**h-iamo** cerc-**ate** cerc-**ano**	
lasci-**are** *(lassen)*	Dir Verben auf -giare, -ciare, -gliare, -chiare, -sciare verlieren das -i vor dem Endungs-i der 2. Person Singular und der 1. Person Plural.
lasci-**o** lasci lasci-**a** lasci-**amo** lasci-**ate** lasci-**ano**	

3. Präsens des Verbs andare *(gehen)*

vado vai va andiamo andate vanno	andare a Roma *nach Rom gehen:* aber: andare in Italia *nach Italien gehen*

I.4. Übungen

1. Setzen Sie das Verb in die richtige Form:

Peter (trovare) un indirizzo. Karin e Peter (cercare) l'albergo. Karin (fermare) un ragazzo. Il portiere (portare) le valige. Peter e Karin (lasciare) al portiere i documenti. Io (andare) in quella direzione. Peter e Karin (andare) a Verona. Il ragazzo (andare) all'albergo. Noi (andare) in Italia.

2. Übersetzen Sie:

Gegen Abend kommen sie in Verona an. Sie suchen ein gutes Hotel im Zentrum. Karin hält einen Jungen auf einem Motorrad an und fragt: „Entschuldige, wo ist die Dantestraße bitte?" Das Zimmer mit Frühstück kostet 20.000 Lire. Schauen wir uns das Zimmer an. Es ist klein, aber ruhig. Dies ist der Zimmerschlüssel.

I.5. Wortschatz

l'arrivo *m*	Ankunft
l'albergo *m*	Hotel, Gasthaus
verso	gegen
la sera	Abend
arrivare	ankommen
cercare	suchen, versuchen
sfogliare *sfolj**a**re*	blättern
trovare	finden
l'indirizzo *m*	Adresse
fermare	anhalten
il ragazzo	Junge
su	auf
la moto	Motorrad
domandare	fragen
il portiere *il port**ie**re*	Portier
scusare *scus**a**re*	entschuldigen
la via	Straße, Weg
ci *tschi*	uns
indicare	zeigen, weisen
la strada	Weg, Straße
complicato	kompliziert
seguitemi *segu**i**temi* (seguire)	folgt mir (folgen)

quello *ku**e**llo*	jener
la direzione	Richtung
desiderare	wünschen
la camera	Zimmer
doppio	doppelt
con	mit
la doccia *la d**o**ttscha*	Dusche
il bagno *il b**a**njo*	Bad
il giorno *il dsch**o**rno*	Tag
prenotato (prenotare)	vorbestellt (vorbestellen)
terzo	dritter
il piano	Stock
la pensione completa	Vollpension
la colazione	Frühstück
quanto *ku**a**nto*	wieviel
costare	kosten
vedere	sehen
tranquillo	ruhig
lasciare *lasch**a**re*	lassen
il documento	Ausweis
la chiave	Schlüssel

II.1. All’arena di Verona

A Verona c’è la stagione lirica. All’arena danno l’Aida,
a werona tsche la stadschone lirika. all arena danno laida

l’opera famosa di Giuseppe Verdi. Peter e Karin vanno alla
lopera famosa di dschuseppe werdi. P. e K. wanno alla

cassa e ritirano i biglietti prenotati. C’è molta gente che
kassa e ritirano i biljetti prenotati. tsche molta dschente ke

viene da ogni parte del mondo: perfino dall’America. È
wiene da onji parte del mondo perfino dallamerika. e

esaurito. Peter e Karin sono molto entusiasti dell’atmosfera,
eṣaurito. P. e K. sono molto entuṣiasti dellatmosfera

dei cantanti e della musica. Che spettacolo fantastico sotto
dei kantanti e della muṣika. ke spettakolo fantastiko sotto

la luna.
la luna.

II.2. Übersetzung

In der Arena von Verona

In Verona gibt es die lyrische Saison. In der Arena geben sie „Aida“, die berühmte Oper von Giuseppe Verdi. Peter und Karin gehen zur Kasse und holen die vorbestellten Karten ab. Es gibt viele Leute, die aus allen Teilen der Welt kommen, sogar aus Amerika. Es ist ausverkauft. Peter und Karin sind sehr begeistert von der Atmosphäre, den Sängern und der Musik. Was für ein phantastisches Schauspiel unter dem Mond.

II.3. Grammatik

1. Die Deklination des Substantivs

il corso del corso al corso il corso	Im Italienischen gibt es keine Deklination wie im Deutschen. Nominativ und Akkusativ sind gleich. Genitiv und Dativ werden durch Präpositionen gebildet, die meisten verschmelzen mit dem Artikel.
Peter di Peter a Peter Peter	Vor Namen steht kein Artikel, sondern nur die Präposition.
un corso d'un corso a un corso un corso	Beim unbestimmten Artikel bleiben Artikel und Präposition getrennt, di kann apostrophiert werden.

2. Verschmelzung der Präpositionen da, a und di mit dem bestimmten Artikel

	il	lo	l'	la	i	gli	le
di da a	del dal al	dello dallo allo	dell' dall' all'	della dalla alla	dei dai ai	degli dagli agli	delle dalle alle

II.4. Übungen

Setzen Sie die richtige Form der Präposition und des Artikels ein:
La camera (di albergo). La lezione (di un corso). Lo scialle (di signora). Il biglietto (di un signore). La valigia (di signori). I vestiti (di una signora). I libri (di alunni). Porto il caffè (a Karin). Portiamo i panini (a signori). Andiamo (a Roma). Andiamo (a albergo). Andiamo (a opera). Andiamo (da portiere). Andiamo (da amici).

II.5. Wortschatz

l'arena *f*	Arena
la stagione *la stadschone*	Saison
lirica *lirika*	lyrisch
danno (dare)	sie geben (geben)
famoso	berühmt
la cassa	Kasse
ritirare	abholen
la gente *la dschente*	Leute
che	der, die, das (Relativpronomen); was? (Interrogativpronomen); daß
viene (venire) *wiene*	kommt (kommen)
ogni *onji*	jeder,jede,jedes
la parte	Teil; (Theater-)Rolle
il mondo	Welt
perfino	sogar
l'America *f* *lamerika*	Amerika
esaurito	ausverkauft
entusiasto *entusịasto*	begeistert
l'atmosfera *f*	Atmosphäre
il cantante	Sänger
la musica *la musịka*	Musik
lo spettacolo *lo spettakolo*	Vorstellung, Schauspiel
fantastico *fantastiko*	phantastisch
la luna	Mond

Lezione 5 – Lektion 5

Il primo giorno a Verona
Der erste Tag in Verona

I.1. Nel tabacchino

All'angolo della strada c'è un'insegna: sale e tabacchi. Karin
allangolo della strada tsche uninsenja sale e tabakki. K.

entra nel tabacchino.
entra nel tabakkino.

(Karin: *K.*, tabaccaio: *T.*)

T. Buon giorno signora, desidera?
buon dschorno sinjora desidera?

K. Vorrei alcune cartoline e 3 (tre) buste da lettera, per
worrei alkune kartoline e tre buste da lettere per

favore.
fawore.

T. Lì a destra può scegliere le cartoline. Costano cento (100)
li a destra puo scheljere le kartoline. kostano tschento

lire l'una.
lire luna.

K. Prendo queste 7 (sette) cartoline. Vende anche francobolli?
prendo kueste sette kartoline. wende anke frankobolli?

T. Sì sa signora, in Italia i tabacchini vendono di tutto. Oltre
si sa sinjora in italia i tabakkini wendono di tutto. oltre

ai tabacchi vendiamo anche francobolli, giornali e sale.
ai tabakki wendiamo anke frankobolli dschornali e sale.

K. Benissimo. Sa qual'è la tariffa per la Germania?
benissimo. sa kuale la tariffa per la dschermania?

T. Sì, tanti turisti mi chiedono. La tariffa è 150 (cento
si tanti turisti mi kiedono. la tariffa e tschento

cinquanta) lire per una cartolina e 200 (duecento) per
tschinkuanta lire per una kartolina e duetschento per
una lettera.
una lettera.

K. Allora mi dia 7 (sette) francobolli da 150 (cento-
allora mi dia sette frankobolli da tschento-

cinquanta) lire e 6 (sei) da 200 (duecento) lire.
tschinkuanta lire e sei da duetschento lire.

T. Desidera altro signora?
desidera altro sinjora?

K. Vorrei anche 2 (due) pacchetti di Marlboro e 3 (tre) di
worrei anke due pakketti di M. e tre di

M.S. Le sigarette costano meno in Italia.
ms le sigarette kostano meno in italia.

T. Vuole anche una scatola di cerini?
wuole anke una skatola di tscherini?

K. Giusto, con che cosa accendo le sigarette? E mi dia
dschusto kon ke kosa attschendo le sigarette? e mi dia

anche un giornale e due riviste.
anke un dschornale e due riwiste.

T. Beh, quali vuole?
be kuali wuole?

K. Prendo sempre la «Repubblica» e le riviste «Amica» e
prendo sempre la repubblica e le riwiste amika e

«L'Espresso», quando sono in Italia.
lespresso kuando sono in italia.

T. Altro?
altro?

K. No, non compro altro. Quant'è?
no non kompro altro. kuante.

T. In tutto fa settemilatrecentoecinquanta (7.350) lire.
in tutto fa settemilatretschentoetschinkuanta lire.

K. Ecco, ho gli spiccioli.
ekko o lji spittscholi.

T. Lei è un tesoro, signora. Grazie.
lei e un teṣoro sinjora. grazie.

K. Grazie a Lei, arrivederLa.
grazie a lei arriwederla.

I.2. Übersetzung

Im Zigarrenladen

An der Straßenecke ist ein Schild: Salz und Tabak. Karin betritt den Tabakladen.

(Karin: *K.*, Zigarrenhändler: *T.*)
T. – Guten Tag, meine Dame. Sie wünschen? *K.* – Ich möchte einige Ansichtskarten und 3 Briefumschläge bitte. T.– Dort, rechts, können Sie die Ansichtskarten aussuchen. Sie kosten

100 Lire das Stück. *K.* – Ich nehme diese sieben. Verkaufen Sie auch Briefmarken? *T.* – Ja, wissen Sie, meine Dame, in Italien verkaufen die Tabakgeschäfte alles mögliche. Außer Tabak verkaufen wir auch Briefmarken, Zeitungen und Salz. *K.* – Sehr gut! Wissen Sie, was (wie hoch) die Gebühr für Deutschland ist? *T.* – Ja, viele Touristen fragen mich. Die Gebühr ist 150 Lire für eine Ansichtskarte und 200 für einen Brief. *K.* – Dann geben Sie mir 7 Briefmarken zu 150 Lire und 6 zu 200 Lire. *T.* – Wünschen Sie sonst noch etwas? *K.* – Ich möchte auch 2 Schachteln Marlboro und 3 M.S. Die Zigaretten sind billiger in Italien. *T.* – Wollen Sie auch eine Schachtel Streichhölzer? *K.* – Richtig, womit zünde ich die Zigaretten an? Und geben Sie mir auch eine Zeitung und 2 Zeitschriften. *T.* – Welche wollen Sie? *K.* – Ich nehme immer „La Repubblica“ und die Zeitschriften „Amica“ und „L'Espresso“, wenn ich in Italien bin. *T.* – Noch etwas? *K.* – Nein, ich kaufe nichts anderes. Wieviel kostet es? *T.* – Insgesamt macht es 7.350 Lire. *K.* – Hier, ich habe Kleingeld. *T.* – Sie sind ein Schatz, meine Dame. Danke. *K.* Danke auch, auf Wiedersehen.

I.3. Grammatik

1. Präsens Indikativ der 2. Konjugation (Verben auf -ere)

vend-**ere** *(verkaufen)*	
vend-**o** vend-**i** vend-**e** vend-**iamo** vend-**ete** vend-**ono**	Man unterscheidet 2 Arten von Verben auf -ere; solche mit Stammbetonung (v**e**ndere) und solche mit Endungsbetonung (ved**e**re). Die Konjugation ist in beiden Fällen die gleiche.

2. Präsens Indikativ des Verbs scegliere *(auswählen)*

scelgo	scegliamo
scegli	scegliete
sceglie	scelgono

3. Die Grundzahlen

0 zero	12 dodici	30 trenta
1 uno	13 tredici	40 quaranta
2 due	14 quattordici	50 cinquanta
3 tre	15 quindici	60 sessanta
4 quattro	16 sedici	70 settanta
5 cinque	17 diciassette	80 ottanta
6 sei	18 diciotto	90 novanta
7 sette	19 diciannove	100 cento
8 otto	20 venti	200 duecento
9 nove	21 ventuno	1.000 mille
10 dieci	22 ventidue	2.000 duemila
11 undici	23 ventitré	1.000.000 un milione

Der Endvokal von venti, trenta usw. entfällt in Verbindung mit: uno und otto.

I.4. Übungen

1. Setzen Sie das Verb in die richtige Form:

I tabaccai (vendere) sale e tabacchi. Karin (scegliere) alcune cartoline. Il negozio non (vendere) giornali. Noi (prendere) un'aranciata fresca e voi che cosa (prendere)? Peter (prendere) il giornale, io (prendere) una rivista. Noi (vendere) anche francobolli.

2. Übersetzen Sie:

Die Tabakgeschäfte verkaufen außer Rauchwaren auch Salz, Briefmarken, Zeitungen und Zeitschriften. Karin sucht 7 Ansichtskarten aus. Sie kauft auch 2 Schachteln Zigaretten, 1 Schachtel Zündhölzer und 8 Briefmarken. Die Gebühr für eine Ansichtskarte ist 150 Lire, für einen Brief 200 Lire. Die Zigaretten sind in Italien billiger als in Deutschland. Ich kaufe auch die Zeitung und einige Zeitschriften.

I.5. Wortschatz

il tabacchino	Tabak-, Zigarrengeschäft	l'insegna *f* *linsenja*	Schild
l'angolo *m* *langolo*	Ecke	il sale	Salz
		il tabacco	Tabak
		i tabacchi	Rauchwaren

entrare	eintreten, hineingehen
il tabaccaio	Zigarrenverkäufer
vorrei (volere) *worrei*	ich möchte (wollen)
alcune	einige
la cartolina	Ansichtskarte
la busta	(Brief-) Umschlag
la lettera *la lettera*	Brief
lì	dort
a destra	rechts
può (potere) *puo*	können Sie, (können)
scegliere *scheljere*	auswählen
l'una	*hier:* das Stück
vendere *wendere*	verkaufen
il francobollo	die Briefmarke
sa (sapere)	wissen Sie, (wissen)
tutto	alles
oltre	außer, darüber hinaus
quale *kuale*	welcher, welche, welches
la tariffa	die Gebühr
la Germania *la dschermania*	Deutschland
il, la turista	Tourist(in)
mi	mir, mich
chiedere *kiedere*	fragen
dia (dare) *dia*	geben Sie (geben)
meno	weniger
vuole (volere) *wuole*	wollen Sie (wollen)
la scatola *la skatola*	die Schachtel
i cerini *i tscherini*	Zündhölzer
accendere *attschendere*	anzünden
la rivista	Zeitschrift
sempre	immer
gli spiccioli *lji spittscholi*	das Kleingeld
il tesoro *il teṣoro*	Schatz
arrivederLa!	auf Wiedersehen!

II.1. In giro per Verona

Oggi è la seconda giornata che Peter e Karin trascorrono
oddschi e la sekonda dschiornata ke P. e K. traskorrono

a Verona. Karin non vuole rimanere in albergo, ma ha
a werona. K. non wuole rimanere in albergo ma a

voglia di scattare alcune foto della città. Prende la
wolja di skattare alkune foto della tschitta. prende la

macchina fotografica e saluta Peter.
makkina fotografika e saluta P.

In un tabacchino compra un rollino da 20 foto a colori.
in un tabakkino kompra un rollino da wenti foto a kolori.

5 Poi va alla ricerca di motivi interessanti da fotografare.
*poi wa **a**lla ritsch**e**rka di mot**i**wi interess**a**nti da fotograf**a**re.*

Percorre via Mazzini e arriva in Piazza delle Erbe, dove c'è
*perk**o**rre w**i**a mazz**i**ni e arr**i**wa in pi**a**zza d**e**lle **e**rbe d**o**we tsche*

il mercato di frutta, verdura e fiori. Qui trova molti motivi
*il merk**a**to di fr**u**tta werd**u**ra e fi**o**ri. ku**i** tr**o**wa m**o**lti mot**i**wi*

pittoreschi e vivaci.
*pittor**e**ski e wiw**a**tschi.*

II.2. Übersetzung

Beim Bummel durch Verona

Heute ist der zweite Tag, den Peter und Karin in Verona verbringen. Karin will nicht im Hotel bleiben, sondern hat Lust, einige Photos von der Stadt zu machen.
Sie nimmt den Photoapparat und verabschiedet sich von Peter. In einem Tabakgeschäft kauft sie einen Film mit 20 Farbphotos. Dann geht sie auf die Suche nach interessanten Photomotiven. Sie geht durch die Mazzinistraße und kommt auf die „Piazza delle Erbe", wo der Obst-, Gemüse- und Blumenmarkt ist. Hier findet sie viele malerische und lebendige Motive.

II.3. Grammatik

1. Die Negation

Karin non vuole	Die Negation **non** steht im Italienischen immer unmittelbar vor dem Verb.

2. Die Ordnungszahlen

1. primo	7. settimo	Von elf ab werden die Ordnungszahlen durch Anhängen der Endung **-esimo** an die betreffende Grundzahl gebildet, deren auslaufender Vokal davor wegfällt: dodici – dodic**esimo** usw.
2. secondo	8. ottavo	
3. terzo	9. nono	
4. quarto	10. decimo	
5. quinto	11. undicesimo …	
6. sesto	100. centesimo …	

la second**a** giornata il second**o** giorno	Die Ordnungszahlen stimmen mit dem betreffenden Substantiv in Genus und Numerus überein.

II.4. Übungen

Übersetzen Sie:

Heute ist nicht der erste Tag. Das Zimmer ist nicht im dritten Stock, es ist im fünften. Karin bleibt nicht im Hotel. Peter ist das vierte Mal in Verona. Der Tabakhändler verkauft kein (nicht) Obst und Gemüse. Es ist der zehnte Abend in Verona.

II.5. Wortschatz

in giro *in dschiro*	unterwegs; *hier:* beim Bummel	il motivo	Motiv, Grund
secondo	zweiter	fotografare	photographieren
la giornata *la dschorn**a**ta*	Tag	percorrere *perk**o**rrere*	zurücklegen, gehen, durchschreiten
trascorrere *trask**o**rrere*	verbringen	la piazza *la pi**a**zza*	Platz
rimanere	bleiben	le erbe	Kräuter
scattare	knipsen	il mercato	Markt
la foto	Photo	la frutta	Obst
comprare	kaufen	la verdura	Gemüse
il rollino	Film	il fiore	Blume
il colore	Farbe	pittoresco	malerisch
poi *poi*	dann	vivace *wiw**a**tsche*	lebendig
la ricerca *la ritscherka*	Suche		

Lezione 6 – Lektion 6

Una gita al Lago di Garda

Ein Ausflug zum Gardasee

I.1. Un giro in motoscafo

A Verona fa bel tempo. Peter e Karin fanno colazione in albergo. Poi decidono di fare una gita al Lago di Garda e partono subito.

(Peter: *P.*, Karin: *K.*, noleggiatore: *N.*)

P. Ecco Sirmione sul Garda. Vedi il castello? Ho voglia di fare un giro in motoscafo. Vieni anche tu?

K. Molto volentieri. Però prima dobbiamo chiedere se è possibile noleggiare un motoscafo e quanto costa, perchè non abbiamo molti soldi.

P. Va bene. Andiamo da quel signore a domandare.

N. Buon giorno signori. Che cosa desiderano?

P. Vedo che Lei noleggia barche a remi. È possibile noleggiare anche un motoscafo?

N. Certamente, se ha la patente per condurre un motoscafo e se mi lascia un documento.
P. Sì, ho tutto in regola. Però prima vorrei sapere quanto costa un giro di un'ora.
N. Costa 20.000 L. Sa, la benzina in Italia è molto cara.
P. Capisco. Allora preferiamo fare solo un giro di mezz'ora.
N. Partite subito?
K. Sì, finchè fa caldo e il lago è calmo.
N. Oggi è proprio una giornata stupenda. L'acqua non è fredda, al largo potete fare il bagno.
P. Quale motoscafo preferisci?
K. Sono tutti uguali. Prendiamo questo.
N. Salite da questa parte. È più comodo.
P. Non riesco ad avviare il motore.
N. Aspetti . . . ecco, adesso parte.
P. Mille grazie! – Veniamo fra mezz'ora.
N. Va bene. Buon divertimento!

I.2. Übersetzung

Eine Rundfahrt mit dem Motorboot

In Verona ist schönes Wetter. Peter und Karin frühstücken im Hotel. Dann beschließen sie, einen Ausflug zum Gardasee zu machen und fahren sofort los.

(Peter: *P.,* Karin: *K.,* Verleiher: *N.*)
P. – Hier, Sirmione am Garda. Siehst du das Schloß? Ich habe Lust, eine Fahrt mit dem Motorboot zu machen. Kommst du auch? *K.* – Sehr gerne. Aber vorher müssen wir fragen, ob es möglich ist, ein Motorboot zu mieten, und wieviel es kostet, weil wir nicht viel Geld haben. *P.* – In Ordnung. Gehen wir zu dem Herrn, um zu fragen. *N.* – Guten Tag, meine Herrschaften. Was wünschen Sie? *P.* – Ich sehe, daß Sie Ruderboote verleihen. Ist es auch möglich, ein Motorboot zu mieten? *N.* – Natürlich, wenn Sie den Führerschein haben, um ein Motorboot zu fahren, und wenn Sie mir einen Ausweis geben. *P.* – Ja, ich habe alles ordnungsgemäß. Aber zuerst möchte ich wissen, wieviel eine Rundfahrt von einer Stunde kostet. *N.* – Es kostet 20.000 L.

Wissen Sie, das Benzin ist sehr teuer in Italien. *P.* – Ich verstehe. Dann ziehen wir es vor, nur eine Rundfahrt von einer halben Stunde zu machen. *N.* – Fahren Sie sofort los? *K.* – Ja, solange es warm ist und der See ruhig. *N.* – Heute ist wirklich ein herrlicher Tag. Das Wasser ist nicht kalt, draußen können Sie baden. *P.* – Welches Motorboot bevorzugst du? *K.* – Sie sind alle gleich. Nehmen wir dieses. *N.* – Steigen Sie von dieser Seite ein. Es ist bequemer. *P.* – Ich schaffe es nicht, den Motor anzulassen. *N.* – Warten Sie ... so, jetzt fährt es. *P.* – Vielen Dank. Wir kommen in einer halben Stunde. *N.* – In Ordnung. Viel Spaß!

I.3. Grammatik

1. Präsens Indikativ der 3. Konjugation (Verben auf -ire)

partire *(fahren)*	
parto parti parte partiamo part**i**te partono	Es gibt 2 Arten von Verben auf -ire: 1) Die 1. Gruppe hat die gleichen Endungen wie die Verben auf -ere, mit Ausnahme der 2. Person Plural, die den Kennvokal **-i** der Gruppe hat.
preferire *(bevorzugen)*	
prefer**isc**o prefer**isc**i prefer**isc**e preferiamo preferite prefer**isc**ono	2) Die 2. Gruppe hat im Singular und in der 3. Person Plural die Silbe **-isc-** zwischen Stamm und Endung (capire, riuscire).

2. Präsens Indikativ der Verben venire *(kommen)* und salire *(steigen)*

vengo	salgo
vieni	sali
viene	sale
veniamo	saliamo
venite	salite
vengono	salgono

I.4. Übungen

1. Setzen Sie das Verb in die richtige Form:
Io (preferire) il cappuccino e voi (preferire) il caffè espresso. Noi (venire) fra mezz'ora. Peter e Karin (venire) fra due giorni. Peter (chiedere) quanto costa. Peter e Karin (decidere) di fare un giro in motoscafo. Peter e Karin (andare) al Lago di Garda. Peter e Karin (salire) sul motoscafo. Karin (partire). Peter non (riuscire) ad avviare il motore subito.

2. Übersetzen Sie:
Peter und Karin beschließen, einen Ausflug zum Gardasee zu machen. In Verona ist das Wetter schön. Sie fahren sofort los. Sie mieten ein Motorboot. Eine Fahrt von einer Stunde kostet 20.000 L., weil das Benzin sehr teuer ist. Es ist warm, man kann draußen im See baden. Peter schafft es nicht, den Motor anzulassen.

I.5. Wortschatz

la gita *la dschita*	Ausflug
il lago	See
il motoscafo	Motorboot
fa (fare)	macht (machen)
fare colazione	frühstücken
decidere di *detschidere di*	beschließen zu
partire	losfahren, abfahren
il noleggiatore *il noleddschatore*	Verleiher
il castello	Burg, Schloß
vieni (venire)	du kommst (kommen)
volentieri	gerne
però *pero*	aber
dobbiamo (dovere)	wir müssen (müssen)
se	wenn, ob
possibile *possibile*	möglich
noleggiare	mieten, verleihen
perchè *perke*	weil

i soldi	Geld
la barca	Boot
il remo	Ruder
certamente *tschertamente*	sicherlich
la patente	Führerschein
condurre	führen
la regola	Regel
in regola	in Ordnung, ordnungsgemäß
la benzina	Benzin
capire	verstehen
preferire	bevorzugen
mezzo	halb
finchè *finke*	solange, bis
calmo	ruhig
proprio *proprio*	wirklich
stupendo	herrlich
l'acqua *f*	Wasser
freddo	kalt
al largo	auf hoher See, im Wasser draußen

fare il bagno *fare il banjo*	baden	riesco (riuscire) *riesko (riuschire)*	es gelingt mir (gelingen)
uguale	gleich	avviare *awwiare*	anlassen, starten
salire	hinaufgehen, aufsteigen, einsteigen	il motore	Motor
		fra	in, binnen
		il divertimento	Spaß, Vergnügen
più *piu*	mehr		
comodo *komodo*	bequem		

II.1. Al largo

Peter e Karin sono a bordo del motoscafo che è fermo sull'acqua calma del lago. Fa molto caldo. Il cielo è sereno: non c'è una nuvola e non tira vento. Peter e Karin ammirano il paesaggio stupendo: le montagne e i paesi pittoreschi intorno al lago. Karin soffre il caldo perciò fa un tuffo nell'acqua. Nell'acqua si sente bene e rinfrescata. Poi è ora di ripartire, anche perchè hanno voglia di andare a mangiare le trote gustose nella trattoria «Da Maria».

II.2. Übersetzung

Draußen auf dem See

Peter und Karin sind an Bord des Motorbootes, das unbeweglich auf dem ruhigen Wasser des Sees liegt. Es ist sehr heiß. Der Himmel ist heiter: Es gibt keine Wolke, und es geht kein Wind. Peter und Karin bewundern die herrliche Landschaft: die Berge und die malerischen Dörfer um den See herum. Karin leidet unter der Hitze, deshalb macht sie einen Hechtsprung ins Wasser. Im Wasser fühlt sie sich wohl und erfrischt. Dann ist es Zeit zurückzufahren, auch weil sie Lust haben, die schmackhaften Forellen in der Trattoria „Da Maria" essen zu gehen.

II.3. Grammatik

1. Verschmelzung der Präpositionen su und in mit dem bestimmten Artikel

	il	lo	l'	la	i	gli	le
su	sul	sullo	sull'	sulla	sui	sugli	sulle
in	nel	nello	nell'	nella	nei	negli	nelle
Gelegentlich finden sich Verschmelzungen mit **con.**							
con	col	collo	coll'	colla	coi	cogli	colle
	Die getrennten Formen: con il usw. werden aber vorgezogen.						

2. Wetterbezeichnungen

fa bel tempo	*es ist schönes Wetter*
fa brutto tempo	*es ist schlechtes Wetter*
fa caldo/freddo	*es ist warm/kalt*
è nuvoloso/sereno/ventoso	*es ist bewölkt/heiter/windig*
piove/nevica	*es regnet/schneit*
c'è il sole	*die Sonne scheint*
c'è nebbia	*es ist neblig*
c'è vento	*es ist windig*

II.4. Übungen

Setzen Sie die richtige Form der Präposition und des Artikels ein:
Il motoscafo è (su l'acqua). Karin è (in l'acqua). Peter e Karin sono (su il motoscafo). I signori sono (su motoscafi). Il ragazzo è (su la moto). Peter è (in il corso). Peter fa un giro (con il motoscafo).

II.5. Wortschatz

a bordo	an Bord	il cielo	Himmel
fermo	unbeweglich, ruhig	*il tschelo*	
		sereno	klar, wolkenlos

6

la nuvola *la n**u**wola*	Wolke
tirare	ziehen, *(hier)* gehen
il vento	Wind
ammirare	bewundern
il paesaggio *il paeṣ**a**ddscho*	Landschaft
la montagna *la mont**a**nja*	Berg
intorno a	um . . . herum

soffrire	leiden
perciò *pertsch**o***	deshalb
il tuffo	(Hecht-)Sprung
sentirsi	sich fühlen
rinfrescato	erfrischt
è ora di	es ist Zeit zu
ripartire	wieder fahren
la trota	Forelle
gustoso	schmackhaft
la trattoria *la tratto**r**i**a***	einfaches Restaurant

Lezione 7 – Lektion 7

Il mercato di Verona

Der Markt von Verona

I.1. Al mercato

Karin va al mercato in Piazza delle Erbe, dove vendono un po' di tutto: frutta, verdura, fiori ecc. Con curiosità passa da bancarella a bancarella.

(Fruttivendola: *F.*, Karin: *K.)*

F. Venite, guardate che bella frutta fresca: mele, pere, pesche, albicocche, ciliege, uva. Avanti signora, venga!

K. Vorrei alcune pesche saporite per favore.

F. Preferisce quelle bianche o quelle gialle? Sono saporite tutte e due, comunque quelle bianche sono meno dolci.

K. Allora mi dia un chilo di quelle gialle.

F. Senz'altro signora! Prende anche delle mele o dell'uva?

K. Mi dia due mele. E . . . ah, già giusto, a Peter piacciono le albicocche. Ne vorrei mezzo chilo.
F. Abbiamo anche dei fichi dolci.
K. Ma sì, mi dia anche quattro fichi di questi, per favore.
F. Desidera un po' d'insalata? Questi pomodori sono buoni. Oppure delle zucchine, o degli asparagi? Sono freschi, freschi!
K. Purtroppo non cucino - sono in albergo.
Però quel pomodoro maturo mi tenta . . . mi dia quello lì.
F. Altro signora?
K. No, nient'altro. Siete fortunati voi in Italia. Avete una grande scelta di frutta e verdura. In Germania invece non c'è molta scelta e tutto è molto caro.
F. Noi abbiamo tutti i giorni frutta e verdura fresca. Però anche qui i prezzi sono arrivati alle stelle!
K. È giusto! Per favore mi dia una busta.
F. Ecco signora. ArrivederLa!

I.2. Übersetzung

Auf dem Markt

Karin geht auf den Markt „Piazza delle Erbe", wo sie alles mögliche verkaufen: Obst, Gemüse, Blumen usw. Neugierig geht sie von Stand zu Stand.

(Obsthändlerin: *F.*, Karin: *K.)*
F. – Kommt, schaut, was für ein schönes, frisches Obst: Äpfel, Birnen, Pfirsiche, Aprikosen, Kirschen, Trauben. Vorwärts, meine Dame! Kommen Sie! *K.* – Ich möchte einige schmackhafte Pfirsiche, bitte. *F.* – Bevorzugen Sie die weißen oder die gelben? Sie sind beide schmackhaft, aber die weißen sind weniger süß. *K.* – Dann geben Sie mir ein Kilo von den gelben. *F.* – Sehr gerne, meine Dame! Nehmen Sie auch Äpfel oder Trauben? *K.* – Geben Sie mir 2 Äpfel. Und . . . ah ja, richtig, Peter schmecken die Aprikosen. Ich möchte davon ein halbes Kilo. *F.* – Wir haben auch süße Feigen. *K.* – Na ja, geben Sie mir auch vier Feigen von diesen da, bitte. *F.* – Wünschen Sie ein bißchen

Salat? Diese Tomaten sind gut. Oder Zucchini oder Spargel? Sie sind sehr frisch! *K.* - Leider koche ich nicht - ich bin im Hotel. Aber diese reife Tomate reizt mich . . . geben Sie mir jene dort. *F.* - Noch was, meine Dame? *K.* - Nein, nichts mehr. Ihr habt es gut in Italien. Ihr habt eine große Auswahl an Obst und Gemüse. In Deutschland gibt es nicht viel Auswahl, und alles ist sehr teuer. *F.* - Ja, wir haben alle Tage frisches Obst und Gemüse, aber auch hier sind die Preise äußerst hoch. *K.* - Das stimmt! Bitte geben Sie mir eine Tüte. *F.* - Hier, meine Dame. Auf Wiedersehen!

I.3. Grammatik

1. Das Demonstrativpronomen

questo		**Questo** wird nur für Personen oder Dinge gebraucht, die sich in unmittelbarer Nähe des Sprechenden befinden.
quello		Alles, was weiter entfernt ist, wird mit **quello** bezeichnet. Im Deutschen steht oft dafür „der“ oder „der dort“.
quest**a** signora quest**o** signore quest**i** signori quest**e** signore		Die Demonstrativpronomen stimmen in Genus und Numerus mit dem Substantiv überein, auf das sie sich beziehen. Außerdem sind sie deklinierbar: **di quello, di questo** usw.
que**l** signore que**llo** scolaro que**ll'** albergo que**lla** signora que**ll'** amica	que**i** signori que**gli** scolari que**gli** alberghi que**lle** signore que**lle** amiche	**Quello** verhält sich vor dem Substantiv wie der Artikel.
quest'albergo quest'albicocca		Vor Substantiven, die mit Vokal beginnen und im Singular stehen, verliert **questo** das auslautende **-o.**

2. Der Teilungsartikel

alcuni pomodori **dei** pomodori **alcune** mele **delle** mele	Um eine bestimmte Menge als Teil einer größeren Menge zu bezeichnen, verwendet man oft statt *einige* (alcuni, alcune) den Teilungsartikel, der eine Verbindung zwischen di und Artikel ist.
Prende delle mele? **Ne** prendo due.	Das **ne** bedeutet *davon,* von einer größeren Menge.

I.4. Übungen

1. Setzen Sie entweder den Teilungsartikel oder den unbestimmten Artikel ein:
(. . . .) mela, (. . . .) mele, (. . . .) pomodori, (. . . .) uva, (. . . .) pera, (. . . .) asparagi.

2. Setzen Sie die richtige Form von quello ein:
albergo, scuola, scolaro, asparagi, fichi, albicocche, zucchine.

3. Übersetzen Sie:
Karin geht auf den Markt. Sie geht von einem Stand zum anderen. Die Obsthändlerin verkauft Äpfel, Birnen, Pfirsiche, Kirschen und Trauben. Es gibt auch Zucchini und Spargel. Karin kauft ein halbes Kilo Aprikosen und ein Kilo gelbe Pfirsiche. In Italien gibt es eine große Auswahl an Obst und Gemüse. In Deutschland ist alles sehr teuer.

I.5. Wortschatz

ecc. (eccetera) *ettschetera*	usw. (und so weiter)
la curiosità *la kuriosita*	Neugierde
passare	vorbei-, vorübergehen
la bancarella	Stand
il fruttivendolo *il fruttiwendolo*	Obsthändler

guardare	schauen
la mela	Apfel
la pera	Birne
la pesca	Pfirsich
l'albicocca *f*	Aprikose
la ciliegia *la tschiliedscha*	Kirsche
l'uva *f*	Trauben
avanti	vorwärts
saporito	schmackhaft, wohlschmeckend
bianco	weiß
giallo *dschallo*	gelb
tutte e due	alle beide
comunque *komunkue*	aber
dolce *doltsche*	süß
il chilo	Kilo
senza	ohne
senz'altro	ohne weiteres, sehr gerne
già *dscha*	schon
piacere *piatschere*	schmecken, gefallen
ne	davon, darüber
il fico	Feige
ma sì	na gut
l'insalata *f*	Salat
il pomodoro	Tomate
oppure	oder, sonst
la zucchina	Zucchini
l'asparago *m lasparago*	Spargel
purtroppo	leider
cucinare *kutschinare*	kochen
maturo	reif
tentare	versuchen, reizen
niente	nichts
fortunato	einer, der Glück hat
la scelta *la schelta*	Wahl, Auswahl
il prezzo	Preis
la stella	Stern
la busta	Tüte

II.1. Le bancarelle dei fiori

Al gran mercato ci sono anche alcune bancarelle, dove vendono fiori e piante. Il fioraio offre ai passanti belle margherite, bei tulipani e rose rosse.
Karin non resiste alla tentazione. I fiori sono troppo belli e sente un buon profumo. Si ferma davanti a una bancarella e compra un bel mazzo di rose rosse.

II.2. Übersetzung

Die Blumenstände

Auf dem großen Markt gibt es einige Stände, wo Blumen und Pflanzen verkauft werden. Der Blumenverkäufer bietet den Passanten schöne Margeriten, schöne Tulpen und rote Rosen an.

7 Karin widersteht der Versuchung nicht. Die Blumen sind zu schön, und sie spürt einen angenehmen Duft. Sie bleibt vor einem Stand stehen und kauft einen schönen Strauß roter Rosen.

II.3. Grammatik

Besonderheit von bello, grande und santo

be**l** mazzo be**llo** scialle be**ll'**albergo be**lla** rosa be**ll'**amica *aber* i fiori be**lli**	Steht **bello** vor einem Substantiv, so verhält es sich wie **quello.**
un **gran** mercato una **gran** cosa *aber* un gran**d'a**lbergo un gran**de** scialle **San** Francesco *aber* San**t'**Antonio Sant**o** **St**efano Sant**a** **Lucia**	Die Adjektive **grande** und **santo** werden vor Substantiven im Singular bzw. vor männlichen Eigennamen, die nicht mit Vokal oder s und Konsonant beginnen, zu **gran** und **san** verkürzt.

II.4. Übungen

Setzen Sie die richtige Form des Adjektivs ein:
Un (grande) albergo. I fiori sono (bello). Che (bello) rose e che (bello) tulipani. È un (grande) uomo. Non è un (grande) mercato. Oggi è (Santo) Giuseppe. È un (bello) albergo. È un albergo (grande). Questi sono (bello) tulipani.

II.5. Wortschatz

la pianta	Pflanze
il fioraio	Blumenhändler
offrire	anbieten
il passante	Passant
la margherita	Margerite
il tulipano	Tulpe
la rosa	Rose
resistere *resistere*	widerstehen
la tentazione	Versuchung
troppo	zu (viel)
sentire	hören, fühlen, riechen
il profumo	Duft
fermarsi	stehenbleiben, sich aufhalten
davanti a	vor
il mazzo	Strauß

Lezione 8 – Lektion 8

A Roma

In Rom

I.1. Un incontro casuale

Peter e Karin hanno proseguito il viaggio e sono arrivati a Roma. In una trattoria Peter fa conoscenza di un signore italiano.

(Signore: *S.*, Peter: *P.)*

S. Mi scusi, se mi permetto di disturbarLa, ma Lei non è italiano vero? La sua pronuncia sembra tedesca.

P. Esatto! Ha indovinato. Non sono italiano. Sono di Monaco di Baviera. Sono qui in vacanza.

S. Beato Lei! È qui da molto?

P. No! Sono arrivato ieri insieme a mia moglie. Lei è rimasta in albergo, perchè è stanca del viaggio. Io invece ho voluto fare subito un giro per le strade di Roma.

S. Siete venuti direttamente da Monaco?
P. No. Ci siamo fermati alcuni giorni a Verona prima di venire qui. Verona è una gran bella città.
S. Ha viaggiato bene?
P. Mah . . .! Abbiamo avuto alcuni problemi con il rifornimento di benzina. Quasi siamo rimasti senza benzina, perchè i distributori non ne avevano più. Con l'ultima goccia abbiamo raggiunto un distributore, dove abbiamo potuto fare il pieno.
S. Siete stati fortunati. In Italia è un problema con la benzina... Costa molto e spesso non c'è.
P. Eh, sì, dappertutto c'è la crisi del petrolio. Anche in Germania la benzina è aumentata. Però noi non paghiamo il pedaggio dell'autostrada.
S. Eh, sì . . . Purtroppo anche il pedaggio è aumentato. Sono tempi difficili.
P. Nonostante ciò veniamo 2 volte all'anno in Italia, perchè a noi piace molto.
S. Mi fa piacere. Adesso però devo andare. È tardi. Piacere di averLa conosciuta.
P. Il piacere è stato tutto mio. ArrivederLa!

I.2. Übersetzung

Eine zufällige Begegnung

Peter und Karin haben die Reise fortgesetzt und sind in Rom angekommen. In einem Gasthaus macht Peter die Bekanntschaft eines italienischen Herrn.

(Herr: *S.*, Peter: *P.)*
S. – Entschuldigen Sie, wenn ich mir erlaube, Sie zu stören, aber Sie sind kein Italiener, nicht wahr? Ihre Aussprache scheint deutsch. *P.* – Richtig! Sie haben es erraten. Ich bin kein Italiener. Ich bin aus München. Ich bin hier im Urlaub. *S.* – Sie Glücklicher! Sind Sie schon lange hier? *P.* – Nein! Ich bin gestern zusammen mit meiner Frau angekommen. Sie ist im Hotel geblieben, weil sie müde von der Reise ist. Ich hingegen wollte sofort einen Spaziergang durch die Straßen von Rom machen.

S. – Sind sie direkt von München gekommen? *P.* – Nein. Wir haben uns einige Tage in Verona aufgehalten, bevor wir hierhergekommen sind. Verona ist eine sehr schöne Stadt. *S.* – Haben Sie eine gute Reise gehabt? *P.* – Na ja! Wir haben einige Schwierigkeiten mit dem Benzintanken gehabt. Beinahe sind wir ohne Benzin geblieben, weil die Tankstellen keins mehr hatten. Mit dem letzten Tropfen haben wir eine Tankstelle erreicht, wo wir volltanken konnten. *S.* – Sie haben Glück gehabt! In Italien ist es ein Problem mit dem Benzin . . . es kostet viel, und oft gibt es keins. *P.* – Ja, überall ist die Erdölkrise. Auch in Deutschland ist der Benzinpreis gestiegen. Aber wir zahlen keine Maut für die Autobahn. *H.* – Ja, leider ist auch die Maut gestiegen. Es sind schwierige Zeiten. *P.* – Trotzdem kommen wir zweimal im Jahr nach Italien, weil es uns sehr gefällt. *S.* – Das freut mich. Jetzt muß ich aber gehen. Es ist spät. Freut mich, Sie kennengelernt zu haben. *P.* – Ganz meinerseits. Auf Wiedersehen!

I.3. Grammatik

1. Das Partizip Perfekt

andare – andato sono andato, -a siamo andati, -e	Das Partizip Perfekt dient zur Bildung der zusammengesetzten Zeiten. Bei zusammengesetzten Zeiten mit **avere** bleibt das Partizip unverändert, bei solchen mit **essere** stimmt es in Genus und Numerus mit dem Subjekt überein.
vendere – venduto abbiamo venduto	
proseguire – proseguito ho proseguito abbiamo proseguito	
avere – avuto ho avuto	Das Partizip muß immer unmittelbar hinter dem Hilfsverb stehen.
essere – stato sono stato, -a	
ho viaggiato *(ich bin gereist)*	Bei manchen Verben bildet man im Italienischen das Perfekt mit **avere,** während im Deutschen *sein* steht und umgekehrt.

rimanere - rimasto **venire - venuto** **raggiungere - raggiunto** **prendere - preso** **offrire - offerto** **fare - fatto** **chiedere - chiesto** **vedere - visto**	Viele Verben, besonders die der 2. Konjugation, haben eine unregelmäßige Perfektbildung.

2. Grußformeln

Buon giorno Buona sera Buona notte Arrivederci ArrivederLa Ciao Addio	Bis 14 Uhr pflegt man **buon giorno** zu sagen, dann **buona sera; buona notte,** bevor man schlafen geht. **ArrivederLa** wird gebraucht, wenn man jemanden siezt.

3. Tageszeiten

il mattino	*Morgen*
la mattina	*Vormittag*
il mezzogiorno	*Mittag*
il pomeriggio	*Nachmittag*
la sera	*Abend*
la notte	*Nacht*
la mezzanotte	*Mitternacht*
stamattina	*heute morgen*
stasera	*heute abend*
stanotte	*heute nacht*

I.4. Übungen

1. Setzen Sie die Sätze ins Perfekt:

Karin e Peter arrivano a Roma. Cercano un albergo. Peter fa un giro per le strade di Roma. Al bar prende un espresso. Karin chiede al passante la strada. Karin e Peter sono a Verona. Essi proseguono il viaggio. Viaggiamo tutta la notte. Abbiamo fame e sete.

2. Übersetzen Sie:

Entschuldigen Sie, wenn ich mir erlaube zu stören. Ihre Aussprache scheint deutsch. Ich bin aus München und bin hier in Urlaub. Ich bin gestern zusammen mit meiner Frau angekommen. Sie ist im Hotel geblieben, weil sie müde ist. Wir haben uns einige Tage in Verona aufgehalten. Wir haben einige Probleme mit dem Benzintanken gehabt. Mit dem letzten Tropfen Benzin haben wir eine Tankstelle erreicht, wo wir vollgetankt haben. Auch in Deutschland ist das Benzin gestiegen. Wir zahlen aber keine Mautgebühren.

I.5. Wortschatz

l'incontro *m*	Begegnung
casuale	zufällig
proseguire	fortsetzen
la conoscenza	Bekanntschaft
*la konosch**e**nza*	
fare conoscenza	Bekanntschaft machen
permettere di	gestatten zu
*perm**e**ttere di*	
disturbare	stören
vero	wahr (nicht wahr)
sua	sein, ihr, Ihr
sembrare	scheinen
tedesco	deutsch
esatto	richtig, exakt
indovinare	raten, erraten
beato Lei!	Sie Glücklicher!
ieri	gestern
insieme a	zusammen mit
mio	mein
la moglie	Ehefrau
*la m**o**lje*	
direttamente	direkt
prima di	bevor, vor
viaggiare	reisen
*wiaddsch**a**re*	
il problema	Problem, Schwierigkeit
il rifornimento	Versorgung, Zufuhr, Tanken

quasi	beinahe, fast
il distributore	Tankstelle
la goccia	Tropfen
*la g**o**ttscha*	
raggiungere	erreichen
*raddsch**u**ndschere*	
pieno	voll
fare il pieno	volltanken
spesso	oft
dappertutto	überall
la crisi	Krise
il petrolio	Erdöl
*il petr**o**lio*	
aumentare	steigen, vergrößern, zunehmen
pagare	zahlen, bezahlen
il pedaggio	Maut
*il ped**a**ddscho*	
difficile	schwierig
*diff**i**tschile*	
nonostante	trotz, obwohl
ciò *tsch**o***	dieses
nonostante ciò	trotzdem
l' anno *m*	Jahr
tardi	spät
mi fa piacere	freut mich
*mi fa piatsch**e**re*	
conoscere	kennen, kennenlernen
*con**o**schere*	

II.1. Storia di Roma

La leggenda dice che Roma è stata fondata nel 750 avanti Cristo dai gemelli Romolo e Remo. Lo stemma di Roma è la lupa con i gemelli. La cultura romana è una base della cultura occidentale. La città è piena di monumenti antichi e storici del periodo romano. Inoltre ci sono magnifici edifici e magnifiche chiese del rinascimento. Chi ama la storia dell'arte deve visitare Roma.

II.2. Übersetzung

Geschichte Roms

Die Sage sagt, daß Rom im Jahre 750 vor Christus von den Zwillingen Romulus und Remus gegründet worden ist. Das Wappen Roms ist die Wölfin mit den Zwillingen. Die römische Kultur ist eine Grundlage der westlichen Kultur. Die Stadt ist voll von antiken und geschichtlichen Denkmälern aus der römischen Zeit. Außerdem gibt es herrliche Bauwerke und herrliche Kirchen aus der Renaissance. Wer die Kunstgeschichte liebt, muß Rom besuchen.

II.3. Grammatik

1. Besonderheiten der Pluralbildung bei Substantiven und Adjektiven

antic-o – antic-**h**-i – antic-**h**-e alberg-o – alberg-**h**-i amic-a – amic-**h**-e *Ausnahme:* amico – amici	Wörter, deren Stamm auf **c** oder **g** endet, schieben vor den Endungen **-i** bzw. **-e** ein **h** ein, damit der Gaumenlaut c und g erhalten bleibt.
stori**co** – stori**ci** aspara**go** – aspara**gi**	Wörter auf **-co** bzw. **-go,** die auf der drittletzten Silbe betont werden, bilden den Plural auf **-ci** und **-gi.**

cilieg-**ia** – cilieg-**e** valig-**ia** – valig-**e** *aber* camic**ia** – camic**ie**	Ist das Endungs-**i** im Singular unbetont, so fällt es im Plural aus.
verdura**io** – verdura**i** **zio** – **zii**	Auf unbetontes **-io** endende Substantive haben im Plural nur ein **-i.** Ist das -i betont, so wird es auch im Plural beibehalten.

2. Unveränderter Plural

il **tè** *(Tee)* – i **tè**	alle einsilbigen Substantive und Adjektive
il caff**è** – i caff**è** la citt**à** – le citt**à**	alle endbetonten Substantive
la cris**i** – le cris**i**	Substantive auf -i
la ser**ie** *(Serie)* – le ser**ie** *aber* la mogl**ie** – le mogl**i**	Substantive auf -ie
il film *(Film)* – i film	Substantive, die mit Konsonant enden

II.4. Übungen

Setzen Sie in den Plural:
la ciliegia rossa, l'edificio magnifico, la città antica, l'amico italiano, l'amica tedesca, la crisi italiana, la pronuncia buona, la camicia nuova, il film interessante, lo zio tedesco, l'asparago fresco, la moglie italiana, la strada magnifica.

II.5. Wortschatz

la storia *la st**o**ria*	Geschichte	dice (dire) *d**i**tsche*	(er, sie, es) sagt (sagen)
la leggenda *la leddsch**e**nda*	Sage	fondare	gründen
		avanti Cristo	vor Christus

il gemello *il dschem**e**llo*	Zwillingsbruder
Romolo	Romulus
Remo	Remus
lo stemma	Wappen
la lupa	Wölfin
la cultura	Kultur
romano	römisch
la base	Basis, Grundlage
occidentale *ottschident**a**le*	westlich
il monumento	Denkmal
storico *st**o**riko*	geschichtlich
il periodo *il per**i**odo*	Periode
inoltre	außerdem
magnifico *manj**i**fiko*	herrlich
l'edificio *m* *ledif**i**tscho*	Bauwerk, Gebäude
la chiesa	Kirche
il rinascimento *il rinaschim**e**nto*	Renaissance
chi	wer
amare	lieben
l'arte *f*	Kunst

Lezione 9 – Lektion 9

Brutte esperienze

Schlechte Erfahrungen

I.1. Un furto

Peter e Karin sono davanti alla Fontana di Trevi. Lui cerca la sua borsa, perchè vuole fare una fotografia, ma non la trova più.

(Peter: *P.*, Karin: *K.*, poliziotto: *Po.)*

P. Karin, hanno rubato la mia borsa e dentro c'era la tua macchina fotografica e il mio portafoglio.

K. È terribile. Dobbiamo andare subito al commissariato di polizia a denunciare il furto.

P. Buon giorno. Sono un turista tedesco. Il mio nome è Peter Bauer, residente a Monaco di Baviera e questa è mia moglie. Hanno rubato la nostra borsa vicino alla Fontana di Trevi.

K. Dentro c'erano i miei documenti, le mie chiavi, la mia macchina fotografica e i suoi soldi.

Po. Mi dispiace per voi. Ora compilo il modulo per la vostra denuncia. Siete assicurati?

P. Per fortuna sì! Comunque sono cose che dispiacciono.

Po. Ripeta il nome per favore. A che ora è successo il furto?

K. Alle 14h circa. Tutti buttavano le loro monete nella fontana. C'era molta gente vicino a noi e molta confusione.

Po. Purtroppo bisogna stare attenti nella folla. Mi dispiace molto, ripeto. Forse l'assicurazione paga tutto. Non posso fare altro.

P. Stiamo attenti alle nostre cose, Karin! Hai ancora i tuoi soldi?

K. Sì per fortuna! Andiamo, ho perso tutto, ma ho ancora la mia testa.

I.2. Übersetzung

Ein Diebstahl

Peter und Karin sind vor dem Trevibrunnen. Er sucht seine Tasche, weil er ein Photo machen will, aber er findet sie nicht mehr.

(Peter: *P.*, Karin: *K.*, Polizist: *Po.)*
P. – Karin, sie haben meine Tasche gestohlen und drinnen war dein Photoapparat und meine Brieftasche. *K.* – Es ist schrecklich. Wir müssen sofort zum Polizeikommissariat gehen, um den Diebstahl zu melden. *P.* – Guten Tag. Ich bin ein deutscher Tourist. Mein Name ist Peter Bauer, wohnhaft in München, und das ist meine Frau. Unsere Tasche ist gestohlen worden, in der Nähe vom Trevibrunnen. *K.* – Darin waren meine Ausweise, meine Schlüssel, mein Photoapparat und sein Geld. *Po.* – Tut mir leid für Sie. Jetzt fülle ich das Formular für Ihre Anzeigenerstattung aus. Sind Sie versichert? *P.* – Zum Glück ja! Trotzdem sind solche Sachen unangenehm. *Po.* – Wiederholen Sie den Namen bitte. Um wieviel Uhr ist der Diebstahl passiert? *K.* – Um circa 14 Uhr. Alle warfen ihre Münzen in den Brunnen. Es waren viele Leute in der Nähe von uns und viel Trubel. *Po.* – Leider muß man im Gedränge aufpassen. Ich wiederhole, es tut mir sehr

leid. Vielleicht zahlt die Versicherung alles. Ich kann nichts anderes machen. *P.* – Passen wir auf unsere Dinge auf, Karin! Hast du noch dein Geld? *K.* – Zum Glück, ja! Gehen wir, ich habe alles verloren, aber ich habe noch meinen Kopf.

I.3. Grammatik

Das Possessivpronomen

1. Formen

Singular			
maskulin		feminin	
il mio	*mein*	la mia	*meine*
il tuo	*dein*	la tua	*deine*
il suo	{ *sein* / *ihr*	la sua	{ *seine* / *ihre*
il Suo	*Ihr*	la Sua	*Ihre*
il nostro	*unser*	la nostra	*unsere*
il vostro	*euer*	la vostra	*eure*
il loro	*ihr*	la loro	*ihre*
il Loro	*Ihr*	la Loro	*Ihre*
Plural			
maskulin		feminin	
i miei	*meine*	le mie	
i tuoi	*deine*	le tue	
i suoi	{ *seine* / *ihre* }	le sue	
i Suoi	*Ihre*	le Sue	
i nostri	*unsere*	le nostre	
i vostri	*eure*	le vostre	
i loro	*ihre*	le loro	
i Loro	*Ihre*	le Loro	

2. Gebrauch

la mia amica le mie amiche il mio amico i miei amici un mio amico una mia amica	Vor dem Possessivpronomen steht in der Regel der Artikel. Es richtet sich in Genus und Numerus nach dem Substantiv, vor dem es steht.

il suo libro i suoi libri il loro libro i loro libri	**suo, sua, suoi, sue** beziehen sich auf einen Besitzer. Das unveränderliche **loro** dagegen auf mehrere.

I.4. Übungen

1. Setzen Sie das Possessivpronomen ein:

Karin ha perso .... chiavi. Peter ha trovato .... soldi. Peter e Karin hanno perso .... borsa. I venditori hanno venduto .... frutta. Noi abbiamo preso .... libri. Voi avete lasciato .... documenti. Ho condotto .... motoscafo. Abbiamo compilato .... modulo di denuncia.

2. Übersetzen Sie:

Peter und Karin sind vor dem Trevibrunnen. Peter findet seine Tasche nicht mehr. Sie haben meine Tasche gestohlen mit deinem Photoapparat und meiner Brieftasche. Sie gehen ins Polizeirevier, um den Diebstahl zu melden. Der Polizist füllt das Anzeigeformular aus. Peter und Karin sind zum Glück versichert. Es waren viele Leute neben Karin und Peter. Man muß in der Menschenmenge aufpassen.

I.5. Wortschatz

brutto	häßlich, schlecht
l'esperienza *f*	Erfahrung
il furto	Diebstahl
la fontana	Brunnen
suo	sein
il poliziotto	Polizist
rubare	stehlen
dentro	drinnen
c'era *tschera*	war
mio	mein
tuo	dein
il portafoglio *il portafoljo*	Brieftasche
terribile *terribile*	schrecklich
dobbiamo (dovere)	wir müssen (müssen)
il commissariato	Kommissariat
la polizia	Polizei
denunciare *denuntschare*	anzeigen, melden
il nome	Name
residente	wohnhaft
nostro	unser
vicino *witschino*	nahe
c'erano *tscherano*	waren
dispiacere *dispiatschere*	leid tun
ora	nun, jetzt

compilare	ausfüllen
il modulo	Formular
la denuncia *la denuntscha*	Anzeige
assicurare	versichern
la fortuna	Glück
ripetere *ripetere*	wiederholen
succedere *suttschedere*	geschehen
buttare	werfen
loro	ihr
la moneta	Münze
bisogna *bișonja* (bisognare)	man muß (nötig sein, müssen)
stare attento	aufpassen
la folla	Menschenmenge
forse	vielleicht
l'assicurazione *f*	Versicherung
posso (potere)	ich kann (können)
ancora	noch
perso (perdere) *(perdere)*	verloren (verlieren)
la testa	Kopf

II.1. Una lettera da Monaco di Baviera

Karin legge una lettera di sua madre con notizie della sua famiglia: i suoi fratelli e la sua sorellina stanno bene e sono anche in vacanza. Giorni fa anche i suoi zii sono partiti per la Grecia. Perciò i suoi genitori si sentono soli. Suo padre ha una leggera influenza. La malattia di sua nonna non è migliorata. Karin è preoccupata perchè ama molto il suo papà. Peter e Karin vanno d'accordo con la loro nonna.

II.2. Übersetzung

Ein Brief aus München

Karin liest einen Brief von ihrer Mutter mit Nachrichten von ihrer Familie: Ihren Brüdern und ihrer Schwester geht es gut, und auch sie sind in Urlaub. Vor einigen Tagen sind auch ihr Onkel und ihre Tante nach Griechenland gefahren. Deshalb fühlen sich ihre Eltern einsam. Ihr Vater hat eine leichte Grippe. Die Krankheit ihrer Großmutter ist nicht besser geworden. Karin ist besorgt, weil sie ihren Vater sehr liebt. Peter und Karin verstehen sich gut mit ihrer Großmutter.

II.3. Grammatik

Zum Gebrauch des Possessivpronomens

mia sorella mio padre mia moglie mio marito *aber* il mio caro fratello le mie sorelle i miei fratelli il mio papà la mia mamma il mio babbo *(Vater)* la mia sorellina la loro nonna	Bei Verwandtschaftsnamen im Singular und ohne nähere Bestimmung wird das Possessivpronomen ohne Artikel gebraucht. Stehen aber die Verwandtschaftsnamen im Plural oder werden sie von einem Adjektiv begleitet, so muß der bestimmte Artikel gebraucht werden. Ferner bei Verkleinerungs- oder Vergrößerungsformen (mamma, papà und babbo) und im Zusammenhang mit loro.

II.4. Übungen

Setzen Sie das Possessivpronomen ein:

Karin ama . . . . fratelli, ... sorelle e . . . . papà. Peter va d'accordo con . . . . moglie. Karin compra un vestito per . . . . sorellina. Peter e Karin amano . . . . nonna. Peter compra dei fiori per . . . . moglie.

II.5. Wortschatz

leggere *leddschere*	lesen
la madre	Mutter
la notizia *la no**t**izia*	Nachricht
la famiglia *la fami**l**ja*	Familie
il fratello	Bruder
la sorellina	Schwesterchen
fa	vor
giorni fa	vor Tagen
lo zio, la zia	Onkel, Tante
i zii	Onkel und Tante
la Grecia *la gr**e**tscha*	Griechenland
i genitori *i dschenit**o**ri*	Eltern
solo	allein, nur
l'influenza *f*	Grippe
la malattia *la malatt**i**a*	Krankheit
la nonna	Großmutter
migliorare *miljor**a**re*	bessern
preoccupato	besorgt
il papà *il pap**a***	Vater
andare d'accordo	sich verstehen

Lezione 10 – Lektion 10

In città

In der Stadt

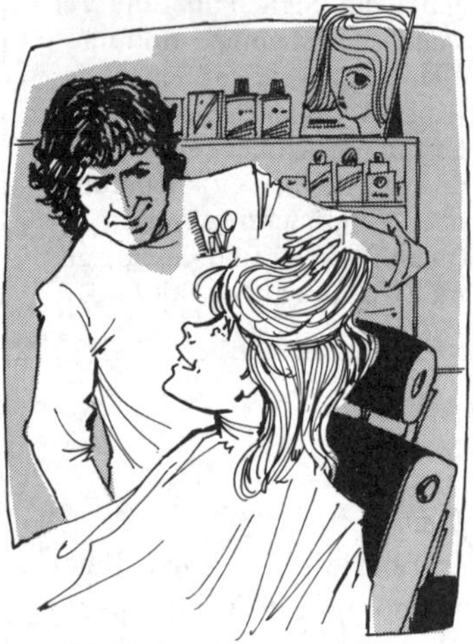

I.1. Dal parrucchiere

Karin si guarda allo specchio. Vorrebbe una nuova pettinatura e decide di andare dal parrucchiere.

(Karin: *K.*, parrucchiere: *Pa.)*

K. Buon giorno, taglio e messa in piega per favore.

Pa. Subito signora. Si sieda per favore un attimo.

K. Mi sono lavata spesso i capelli e perciò sono molto deboli; vorrei una lozione alle proteine.

Pa. Certo signora! Deve tagliarsi spesso i suoi bei capelli biondi. Non sono tinti, vero?

K. No, sono naturali. Ma quando mi sveglio la mattina, mi alzo e mi pettino i capelli ne perdo molti.

Pa. Con che cosa si pettina?

K. Generalmente uso la spazzola.
Pa. No, non va bene! È meglio se si pettina con un pettine grande molto delicatamente.
K. Grazie per il consiglio.
Pa. Inoltre usi sempre degli shampoo leggeri e dopo il lavaggio una buona lozione. Vedrà che diventano più forti.
K. Speriamo!
Pa. La sua bella testolina bionda ora è nelle mie mani. Io mi sento un campione con le bionde come Lei - Prego, da questa parte, si accomodi.
K. O, Dio mio, questi uomini italiani! Spero di non perdere la testa anche questa volta.

I.2. Übersetzung

Beim Friseur

Karin betrachtet sich im Spiegel. Sie möchte eine neue Frisur und beschließt, zum Friseur zu gehen.

(Karin: *K.,* Friseur: *Pa.)*
K. - Guten Tag, bitte schneiden und legen. *Pa.* - Sofort, meine Dame. Setzen Sie sich bitte einen Augenblick. *K.* - Ich habe mir zu oft die Haare gewaschen, und deshalb sind sie sehr brüchig. Ich möchte eine Proteinlotion. *Pa.* - Gewiß, meine Dame. Sie müssen ihre schönen, blonden Haare oft schneiden. Sie sind nicht gefärbt, nicht wahr? *K.* - Nein, sie sind echt. Aber wenn ich in der Frühe aufwache, aufstehe und meine Haare kämme, verliere ich viele. *Pa.* - Womit kämmen Sie sich? *K.* - In der Regel benütze ich die Bürste. *Pa.* - Das ist nicht gut! Es ist besser, wenn Sie sich mit einem großen Kamm behutsam kämmen. *K.* - Danke für den Rat. *Pa.* - Benützen Sie außerdem immer mildes Shampoo und nach dem Waschen eine gute Lotion. Sie werden sehen, daß sie stärker werden. *K.* - Hoffen wir! *Pa.* - Ihr schönes blondes Köpfchen ist nun in meinen Händen. Ich fühle mich als Meister für die Blonden wie Sie. - Bitte schön, hierher, nehmen Sie Platz! *K.* - Mein Gott, diese italienischen Männer! Ich hoffe, nicht auch diesmal den Kopf zu verlieren.

I.3. Grammatik

1. Das reflexive Verb

lavarsi *(sich waschen)*	
Präsens mi lavo *(ich wasche mich)* ti lavi si lava ci laviamo vi lavate si lavano	Die reflexiven Verben haben wie im Deutschen ein auf das Subjekt bezogenes Pronomen bei sich. Die Pronomen stehen meistens vor dem Verb, werden aber unter Ausstoßung des -e an den Infinitiv angehängt.
alzarsi *(aufstehen)* svegliarsi *(aufwachen)* accomodarsi *(Platz nehmen)*	Manche Verben sind im Deutschen nicht reflexiv, wohl aber im Italienischen.
Perfekt mi sono lavato *(ich habe mich gewaschen)* mi sono lavata ci siamo lavati ci siamo lavate	Die zusammengesetzten Zeiten werden immer mit **essere** gebildet. Achten Sie auf die Übereinstimmung in Genus und Numerus.

2. Präsens und Perfekt des Verbs sedersi *(sich setzen)*

mi siedo ti siedi si siede	ci sediamo vi sedete si siedono
mi sono seduto	

I.4. Übungen

1. Berichten Sie im Präsens und Perfekt mit
svegliarsi, alzarsi, lavarsi, pettinarsi
von ihm (lui . . . .), ihnen (loro . . .), von uns (noi . . . .), von euch (voi . . . .) und von ihr (lei . . . .).

2. Übersetzen Sie:
Karin betrachtet sich im Spiegel. Sie möchte eine neue Frisur. Sie beschließt, zum Friseur zu gehen. Sie möchte die Haare

schneiden und legen lassen. Sie setzt sich einen Augenblick. Sie hat ihre Haare oft gewaschen, deshalb sind sie sehr brüchig. Sie muß sich oft die blonden Haare schneiden. Wenn sie in der Frühe aufwacht, steht sie auf und geht ins Bad. Sie kämmt ihre Haare nicht, sondern benützt die Bürste. Es ist besser, wenn sie ihre Haare mit einem großen Kamm sanft kämmt.

I.5. Wortschatz

il parrucchiere	Friseur
guardarsi	sich betrachten
lo specchio *lo spekkio*	Spiegel
la pettinatura	Frisur
il taglio *il taljo*	(Haar-)Schnitt
la piega	Falte
la messa in piega	Legen (der Haare)
sedersi	sich setzen
l'attimo *m* *lattimo*	Augenblick
lavarsi	sich waschen
il capello	Haar
debole *debole*	schwach, *(hier)* brüchig
la lozione	Lotion
le proteine	Protein
tagliarsi *taljarsi*	schneiden
biondo	blond
tinto	gefärbt
naturale	natürlich, echt
svegliarsi	aufwachen
alzarsi	aufstehen
pettinarsi	sich kämmen
generalmente	in der Regel
usare	benützen
la spazzola *la spazzola*	Bürste
il pettine *il pettine*	Kamm
delicatamente	sanft, vorsichtig
il consiglio *il konsiljo*	Rat
lo shampoo *lo schampu*	Shampoo
il lavaggio *il lawaddscho*	Wäsche
vedrà (vedere) *wedra*	Sie werden sehen (sehen)
diventare	werden
sperare	hoffen
la testolina	Köpfchen
la mano	Hand
il campione	Meister
accomodarsi	Platz nehmen
Dio mio	mein Gott
l'uomo *m*	Mann, Mensch

II.1. Il tempo passa

Peter chiede ad un passante che ora è. Il passante risponde che non ha l'orologio. Peter si siede in un bar e domanda al cameriere l'orario preciso. Sono le 12 e mezzo in punto. Meno male, non è tardi, anzi è ancora presto. Peter ha un appuntamento con Karin all'una e un quarto. Peter chiede di nuovo l'ora al cameriere. Sono le due e 45 minuti. Chissà se Karin è ancora dal suo parrucchiere galante.

II.2. Übersetzung

Die Zeit vergeht

Peter fragt einen Passanten, wie spät es ist. Der Passant antwortet, daß er keine Uhr hat. Peter setzt sich in ein Café und fragt den Kellner nach der genauen Uhrzeit. Es ist Punkt halb eins. Gott sei Dank ist es noch nicht spät, im Gegenteil, es ist noch früh. Peter hat eine Verabredung mit Karin um Viertel nach eins. Peter fragt den Kellner noch einmal nach der Uhrzeit. Es ist 2 Uhr und 45 Minuten, und Karin kommt immer noch nicht. Wer weiß, ob Karin noch bei ihrem galanten Friseur ist.

II.3. Grammatik

Uhrzeit

Che ora è? Che ore sono?	Beides ist gebräuchlich für die Frage *Wie spät ist es?*
è l'una	*es ist ein Uhr*
sono le due	*es ist zwei Uhr*
sono le 14 e 15	*es ist 14 Uhr 15*
sono le due e un quarto	*es ist Viertel drei* *(Viertel nach zwei)*
sono le due e mezzo/mezza	*es ist halb drei*
sono le tre meno un quarto	*es ist dreiviertel drei* *(Viertel vor drei)*
sono le due precise	*es ist genau zwei Uhr*
sono le due in punto	*es ist Punkt zwei Uhr*
Der Artikel muß bei allen Zeitangaben stehen. Zwischen Stunden und Minuten wird ein **e** eingeschoben.	

II.4. Übungen

Übersetzen Sie:

Wie spät ist es? Es ist Mittag. Es ist zwanzig vor zwei. Es ist genau 14 Uhr. Ich habe eine Verabredung um 1 Uhr. Es ist Viertel nach zehn. Es ist dreiviertel 11. Es ist halb acht. Es ist Mitternacht.

II.5. Wortschatz

che ora è?	wie spät ist es?	meno male!	Gott sei Dank!
rispondere *risp**o**ndere*	antworten	anzi	im Gegenteil
		presto	früh
l'orologio *m* *lorol**o**dscho*	Uhr	l'appuntamento *m*	Verabredung
il cameriere	Kellner	l'una *f*	ein Uhr
l'orario *m* *lor**a**rio*	Uhrzeit	un quarto *un ku**a**rto*	ein Viertel
preciso *pretsch**i**ṣo*	genau	il minuto	Minute
		chissà *kiss**a***	wer weiß
in punto	genau	galante	galant

Lezione 11 – Lektion 11

Una telefonata

Ein Telefongespräch

I.1. Il telefono pubblico

Peter vuole telefonare a Monaco. Alla stazione c'è una cabina telefonica e lì si possono fare telefonate internazionali.

(Peter: *P.*, signora: *S.)*

P. Scusi signora. Voglio telefonare in Germania, ma non sono pratico del telefono pubblico. Può aiutarmi?

S. Certo che posso, si figuri! Entro con Lei nella cabina telefonica. Ha comprato abbastanza gettoni?

P. Sì, credo di sì.

S. Allora: deve sollevare il ricevitore e poi dobbiamo introdurre i gettoni – devono essere almeno quattro. Ora dobbiamo attendere il segnale di libero.

P. Ora si sente il segnale, però si sentono anche altri rumori. Che cosa devo fare?

S. Vogliamo provare a fare il numero?
P. Sì, provo subito.
S. Deve fare il numero molto lentamente. Sente qualcosa?
P. Sì, ora sento il segnale di occupato.
S. Posso provare io a fare il numero. Forse ho più fortuna. Si deve aver pazienza. Troppa gente telefona a quest'ora.
P. Allora?
S. Niente, provo di nuovo - devo ricevere la linea. Faccio lentamente il prefisso e poi il numero.
P. Può sentire qualcosa?
S. Sì, ecco, si sente il segnale di occupato. Se si vuole telefonare all'estero nel periodo delle vacanze si deve avere molto tempo.
P. Provo di nuovo stasera.
S. Ora deve appendere il ricevitore e premere il tasto per la restituzione dei gettoni non utilizzati. Io devo correre. Arrivederci.
P. Grazie signora, arrivederLa.

I.2. Übersetzung

Das öffentliche Telefon

Peter will nach München telefonieren. Am Bahnhof ist eine Telefonzelle, und dort kann man internationale Telefongespräche führen.

(Peter: *P.*, Dame: *S.)*

P. - Entschuldigen Sie, meine Dame. Ich will nach Deutschland telefonieren, aber ich habe keine Erfahrung mit dem öffentlichen Telefon. Können Sie mir helfen? *S.* - Sicher kann ich, und ob! Ich gehe mit Ihnen in die Telefonzelle. Haben Sie genügend Telefonmünzen gekauft? *P.* - Ich glaube ja. *S.* - Also: Sie müssen den Hörer abnehmen und dann die Münzen einwerfen – es müssen mindestens 4 sein. Nun müssen wir das Freizeichen abwarten. *P.* - Jetzt hört man das Zeichen, man hört aber auch andere Geräusche. Was soll ich tun? *S.* - Wollen wir versuchen, die Nummer zu wählen? *P.* - Ja, ich versuche (es) sofort. *S.* - Sie müssen die Nummer sehr langsam wählen. Hören Sie etwas? *P.* - Ja, jetzt höre ich das Besetztzeichen. *S.* - Ich kann versuchen, die

Nummer zu wählen. Vielleicht habe ich mehr Glück. Man muß Geduld haben. Zu viele Leute telefonieren um diese Zeit. *P.* – Nun? *S.* – Nichts, ich probiere es wieder, ich muß die Verbindung kriegen. Ich wähle langsam die Vorwahl und dann die Nummer. *P.* – Können Sie etwas hören? *S.* – Ja, jetzt, man hört das Besetztzeichen. Wenn man zur Urlaubszeit ins Ausland telefonieren will, muß man viel Zeit haben. *P.* – Ich probiere (es) heute abend wieder. *S.* – Jetzt müssen Sie den Hörer einhängen und den Knopf für die Rückgabe der nicht benützten Telefonmünzen drücken. Ich muß schnell gehen. Auf Wiedersehen. *P.* – Danke, meine Dame, auf Wiedersehen.

I.3. Grammatik

1. Präsens und Perfekt der unregelmäßigen Verben potere, volere, dovere

posso puoi può possiamo potete possono	voglio vuoi vuole vogliamo volete vogliono	devo devi deve dobbiamo dovete devono
ho potuto	ho voluto	ho dovuto

2. Das unbestimmte Pronomen „si“ *(man)*

si sente il segnale	Das unbestimmte Pronomen **si** dient im Italienischen zur Umschreibung einer Handlung mit unbestimmtem Subjekt.
si sentono i segnali	Das Verb stimmt mit dem Akkusativobjekt überein.

I.4. Übungen

1. Setzen Sie die richtige Form der Verben ein:

Peter (volere) andare a telefonare. (dovere) introdurre i gettoni e poi (dovere) attendere il segnale. Io (volere) andare in giro e tu invece (volere) sederti in un bar. Peter e Karin non (potere) telefonare a quest'ora. Non si (sentire) il segnale, ma si (potere) sentire rumori. Voi non (dovere) venire, noi (dovere) venire da voi.

2. Übersetzen Sie:
Peter will nach München telefonieren. Er hat keine Erfahrung mit dem öffentlichen Telefon in Italien. Deshalb fragt er eine Frau, ob sie helfen kann. Haben Sie die Telefonmünzen? Jetzt müssen Sie den Hörer abnehmen und die Münzen einwerfen. Sie müssen auf das Freizeichen warten, dann können Sie die Nummer wählen. Sie müssen die Nummer langsam wählen. Man hört das Besetztzeichen.

I.5. Wortschatz

la telefonata	Telefongespräch
il telefono *il telefono*	Telefon
pubblico *pubbliko*	öffentlich
telefonare	telefonieren
la stazione	Bahnhof
la cabina telefonica *la kabina telefonika*	Telefonzelle
si	man
internazionale	international
pratico *pratiko*	praktisch
essere pratico *essere pratiko*	kundig sein, Erfahrung haben
aiutare	helfen
si figuri	keine Ursache
il gettone *il dschettone*	Telefonmünze
credere *credere*	glauben
sollevare	abheben, hochheben
il ricevitore *il ritschewitore*	Hörer
introdurre	einwerfen
almeno	mindestens

attendere *attendere*	warten (auf)
il segnale *il senjale*	Zeichen
libero *libero*	frei
rumore	Geräusch, Lärm
provare	versuchen
il numero *il numero*	Nummer
lentamente	langsam
occupato	besetzt
di nuovo	nochmals, wieder
ricevere *ritschewere*	bekommen
la linea *la linea*	Linie, Verbindung
il prefisso	Vorwahl
l'estero *m* *lestero*	Ausland
appendere *appendere*	einhängen, aufhängen
premere *premere*	drücken
il tasto	Knopf, Taste
la restituzione	Wiedergabe, Rückgabe
utilizzato	benützt
correre *korrere*	laufen

II.1. In banca

Karin e Peter hanno finito i soldi italiani. «Sono rimasti al verde», come si dice in Italia. Bisogna andare in banca a cambiare un assegno. Per cambiare i soldi ci vogliono i documenti: occorre portare il passaporto. Inoltre ci vuole molta pazienza, perchè normalmente c'è molta gente. Bisogna mettersi in fila e aspettare il proprio turno. La banca è aperta tutti i giorni all'infuori del sabato e della domenica. Il venerdì è chiusa il pomeriggio.

II.2. Übersetzung

In der Bank

Karin und Peter haben das italienische Geld aufgebraucht. Sie sind „blank" wie man in Italien sagt. Man muß auf die Bank gehen, um einen Scheck einzulösen. Um das Geld zu wechseln, braucht man die Ausweise. Es ist notwendig, den Paß mitzubringen. Außerdem muß man Geduld haben, weil normalerweise viele Leute da sind. Man muß sich anstellen und warten, bis man an der Reihe ist. Die Bank ist alle Tage geöffnet, außer am Samstag und Sonntag. Freitag ist sie nachmittags geschlossen.

II.3. Grammatik

Unpersönliche Ausdrücke: bisogna – ci vuole – occorre

bisogna aspettare occorre il passaporto occorrono i passaporti ci vuole il passaporto ci vogliono i passaporti	**Ci vuole** und **occorre** richten sich im Numerus nach dem Subjekt.

II.4. Übungen

1. Übersetzen Sie:

Man muß auf die Bank gehen, um Geld zu wechseln. Man braucht die Pässe, und man braucht sehr viel Geduld. Man muß sich anstellen und warten, bis man an der Reihe ist. Im Urlaub braucht man viel Geld.

2. Setzen Sie die richtige Form der Verben ein:

In banca (occorrere) i passaporti. (ci vuole) molta pazienza e (ci vuole) molti soldi.

II.5. Wortschatz

la banca	Bank
finire	beenden, aufbrauchen
essere al verde *essere al werde*	blank, pleite sein
si dice (dire) *si ditsche*	man sagt (sagen)
cambiare	wechseln
l'assegno *m* *lassenjo*	Scheck
ci vuole (volere) *tschi wuole*	man braucht (wollen)
occorre (occorrere) *(okkorere)*	man muß, es braucht (brauchen, nötig sein)
portare	tragen, (mit)bringen
normalmente	normalerweise
mettersi *mettersi*	sich stellen
la fila	Reihe
il turno	Turnus
aprire	öffnen
all'infuori di	außer
il sabato *il sabato*	Samstag
la domenica *la domenika*	Sonntag
il venerdì *il wenerdi*	Freitag
chiudere *kiudere*	schließen

Lezione 12 – Lektion 12

Un viaggio in treno

Eine Bahnfahrt

I.1. Alla stazione

Peter e Karin vogliono andare in treno al Lido di Ostia, perchè non conoscono la strada per andare in macchina. Alla stazione si dirigono allo sportello e chiedono informazioni all'impiegato.

(Peter: *P.*, Karin: *K.*, impiegato: *I.*)

K. A che ora c'è un treno per il Lido di Ostia, per piacere?

I. Fra mezz'ora parte un treno. Però va solamente fino ad Ostia antica. Lì deve cambiare e proseguire con l'autobus. La fermata è accanto alla stazione.

P. Sa se c'è subito la coincidenza o se si deve aspettare?

I. Attenda, do un'occhiata all'orario delle partenze, perchè queste cose non si sanno a memoria.

P. Ci dispiace farLa lavorare, ma noi non sappiamo proprio nulla.

I. Non fa niente, sono qui apposta. Allora . . . la coincidenza c'è mezz'ora dopo l'arrivo del treno.

K. Dici di prendere questo treno, Peter?

P. No, preferisco un diretto.

I. Allora dovete aspettare un'ora . . . se non c'è sciopero naturalmente, altrimenti . . .

K. Quanto tempo ci mette da Roma al Lido?

I. Ci mette un'oretta. Arriva alle 14h e 20, se è puntuale e non viaggia con ritardo.

K. E tra le 12h e l'1h non ci sono treni?

I. Mi dispiace, l'unico durante il pomeriggio è quello delle 13h e 40.

P. Che cosa facciamo fino alla partenza?

K. Facciamo i biglietti intanto. So che la biglietteria si trova in mezzo alla stazione, vicino al ristorante.

P. Invece di restare in stazione, usciamo e andiamo a prendere una boccata d'aria. Ci sediamo su una panchina e ci godiamo il sole. Che ne dici?

K. Sono d'accordo!

I.2. Übersetzung

Am Bahnhof

Peter und Karin wollen mit dem Zug zum Lido di Ostia fahren, weil sie die Straße nicht kennen, um mit dem Auto zu fahren. Am Bahnhof gehen sie an den Schalter und bitten den Angestellten um eine Auskunft.
(Peter: *P.*, Karin: *K.*, Angestellter: *I.)*
K. – Wann geht ein Zug zum Lido di Ostia, bitte? *I.* – In einer halben Stunde fährt ein Zug. Aber er fährt nur bis Ostia antica. Dort müssen Sie umsteigen und mit dem Autobus weiterfahren. Die Haltestelle ist neben dem Bahnhof. *P.* – Wissen Sie, ob sofort Anschluß besteht, oder ob man warten muß? *I.* – Warten Sie, ich werfe einen Blick auf den Abfahrtsplan, weil man diese Sachen nicht auswendig weiß. *P.* – Es tut uns leid, Sie zu bemühen, aber wir wissen wirklich gar nichts. *I.* – Macht nichts. Ich bin deswegen hier. Also dann . . . eine halbe Stunde nach Ankunft des

Zuges gibt es einen Anschluß. *K.* - Sollen wir diesen Zug nehmen, Peter? *P.* – Nein, ich möchte lieber einen direkten. *I.* – Dann müssen Sie eine Stunde warten, wenn kein Streik ist natürlich, sonst . . . *K.* – Wie lange braucht er von Rom zum Lido? *I.* – Er braucht ein Stündchen. Er kommt um 14 Uhr 20 an, wenn er pünktlich ist und keine Verspätung hat. *K.* - Und zwischen 12 Uhr und 1 Uhr gibt es keine Züge? *I.* – Tut mir leid, der einzige am Nachmittag ist der um 13 Uhr 40. *P.* – Was machen wir bis zur Abfahrt? *K.* – Lösen wir die Fahrkarten inzwischen. Ich weiß, daß sich die Fahrkartenschalter in der Mitte des Bahnhofs befinden, in der Nähe vom Restaurant. *P.* – Anstatt am Bahnhof zu bleiben, gehen wir hinaus und schnappen ein bißchen Luft. Wir setzen uns auf eine Bank und genießen die Sonne. Was sagst Du dazu? *K.* – Ich bin einverstanden.

I.3. Grammatik

1. Die Präpositionen

sopra	la bancarella	*auf*	*dem Stand*
sotto	la bancarella	*unter*	*dem Stand*
dietro	la bancarella	*hinter*	*dem Stand*
dopo	un'ora	*nach*	*einer Stunde*
verso	sera	*gegen*	*Abend*
contro	il padre	*gegen*	*den Vater*
tra (fra)	un'ora	*zwischen, binnen*	
		innerhalb	*einer Stunde*
senza	la macchina	*ohne*	*Auto*
durante	il pomeriggio	*während*	*dem Nachmittag*
fuori di		*außerhalb*	werden immer mit **di** verbunden
invece di		*anstatt*	
prima di		*vor, bevor*	
vicino a accanto a		bei, neben in der Nähe	Werden immer mit **a** verbunden.
fino a		bis	
davanti a		vor	
intorno a		um ... herum, ringsherum	
di fronte a		gegenüber	
in mezzo a		in der Mitte	
in quanto a		betreffs	

2. Präsens und Perfekt der unregelmäßigen Verben dare, sapere, fare, dire

do dai dà diamo date danno	so sai sa sappiamo sapete sanno	faccio fai fa facciamo fate fanno	dico dici dice diciamo dite dicono
ho dato	ho saputo	ho fatto	ho detto

I.4. Übungen

1. Setzen Sie den Artikel oder die Präposition di bzw. a und Artikel ein:

La biglietteria si trova (vicino . . .) ristorante. Il binario sette è (di fronte . . .) biglietteria. Il treno parte (fra . . .) ora. (Tra . . .) sette e le otto non ci sono treni. (Prima . . .) andare alla stazione prendiamo un caffè.

2. Setzen Sie die richtige Form der Verben ein:

Peter e Karin (fare) un giro per la città. Karin non (sapere) quando parte il treno. Peter (dire) che (sapere) dov'è la biglietteria. Peter e Karin (dare) la valigia al portiere. Che cosa avete (fare) ieri sera? Noi (sapere) da quale binario parte il treno.

3. Übersetzen Sie:

Peter und Karin wollen mit dem Zug zum Lido di Ostia fahren, weil sie mit dem Auto den Weg nicht kennen. Sie gehen zum Bahnhof und bitten den Angestellten um eine Auskunft. Der Zug fährt um 14 Uhr 20. Eine halbe Stunde nach Ankunft des Zuges gibt es einen Anschluß. Die Haltestelle des Autobusses ist gegenüber vom Bahnhof. Der Zug fährt von Gleis sieben ab. Von Rom nach Ostia braucht er ein Stündchen, wenn er nicht Verspätung hat. Peter und Karin lösen inzwischen die Fahrkarten am Fahrkartenschalter.

I.5. Wortschatz

dirigersi *diridschersi*	sich begeben
lo sportello	Schalter
l'informazione *f*	Information, Auskunft
solamente	nur
fino a	bis
cambiare	umsteigen
l'autobus *m* *lautobus*	Autobus
la fermata	Haltestelle
accanto a	in der Nähe, bei
la coincidenza *la kointschidenza*	Anschluß
l'occhiata *f*	Blick
dare un'occhiata	einen Blick werfen
l'orario *m* di partenza *lorario di partenza*	Abfahrtszeit
la memoria *la memoria*	Gedächtnis
lavorare	arbeiten
a memoria	auswendig
nulla	nichts
apposta	absichtlich, eigens
diretto	direkt
lo sciopero *lo schopero*	Streik
altrimenti	sonst
metterci *mettertschi*	brauchen
da . . . a	von . . . bis
l'oretta *f*	Stündchen
tra	zwischen, in, innerhalb
unico *uniko*	einziger
durante	während
la biglietteria *la biljetteria*	Fahrkartenschalter
trovarsi	sich befinden
in mezzo a	inmitten
restare	bleiben
l'aria *f* *laria*	Luft
la boccata d'aria *la bokkata daria*	ein bißchen Luft
la panchina	Bank
godere (godersi)	genießen

II.1. Si parte

Karin e Peter sono usciti dalla stazione. Mentre mangiano un gelato al pistacchio e prendono il sole in un parco, dimenticano il tempo. Non sentono più niente e non vedono più nessuno. Che bella calma! Poi all'improvviso Peter si ricorda dell'orario. È già molto tardi, bisogna correre velocemente alla stazione per fare in tempo. In fretta e furia si precipitano alla biglietteria e prendono due biglietti di seconda classe, andata e ritorno, per il Lido di Ostia. Peter non attende nemmeno il resto. Escono dalla biglietteria e corrono verso il binario sette. Mai vista tanta gente che sale sul treno, mentre nessuno scende! Peter e Karin non trovano neppure un posto libero. Devono stare in piedi e nemmeno in corridoio c'è molto spazio.

II.2. Übersetzung

Man fährt los

Karin und Peter haben den Bahnhof verlassen. Während sie ein Pistazieneis essen und sich in einem Park sonnen, vergessen sie die Zeit. Sie hören nichts mehr und sehen niemanden mehr. Was für eine schöne Ruhe! Dann plötzlich erinnert sich Peter an die Zeit. Es ist schon sehr spät, man muß schnell zum Bahnhof laufen, um rechtzeitig zu sein. In Windeseile stürzen sie sich zur Schalterhalle und kaufen zwei Fahrkarten zweiter Klasse, hin und zurück, nach Lido di Ostia. Peter wartet nicht einmal auf das Wechselgeld. Sie verlassen die Schalterhalle und laufen in Richtung Gleis sieben. Wie viele Leute, die einsteigen, während niemand aussteigt! Peter und Karin finden keinen freien Platz. Sie müssen stehen, und nicht mal im Gang ist viel Platz.

II.3. Grammatik

1. Die doppelte Negation mit nemmeno, neppure, nessuno, niente, nulla, mai

non c'è nemmeno . . . non c'è neppure . . . non c'è nessuno . . . non c'è niente . . . non c'è nulla . . . non c'è mai . . .	Mit **nemmeno, neppure, niente, nulla** und **mai** steht die doppelte Negation mit **non**
nessuno parla neppure un posto c'è nemmeno un posto c'è mai visto	Stehen aber **nemmeno, neppure, nessuno, niente, nulla** und **mai** am Satzanfang, so wird das non weggelassen.

2. Präsens und Perfekt des Verbs uscire *(hinausgehen)*

esco esci esce usciamo uscite escono	sono uscito

II.4. Übungen

1. Setzen Sie die richtige Form des Verbs uscire ein:

Io non (uscire) stasera, perchè sono stanca, e voi (uscire) stasera? No, nemmeno noi (uscire). Peter (uscire) con me stasera? E Lei, signora (uscire)? Siamo (uscire) dalla stazione.

2. Übersetzen Sie:

Peter und Karin sehen niemanden mehr und hören nichts mehr. Sie haben nicht einmal die Fahrkarten. Sie stürzen sich in die Schalterhalle und kaufen zwei Fahrkarten zweiter Klasse, hin und zurück, nach Lido di Ostia. Kein Platz ist mehr frei, und im Gang ist auch nicht viel Platz. Ich habe noch nie so viele Leute gesehen.

II.5. Wortschatz

mentre	während
il pistacchio *il pist**a**kkio*	Pistazie
prendere il sole *pr**e**ndere il s**o**le*	sich sonnen
il parco	Park
dimenticare	vergessen
nessuno	niemand
la calma	Ruhe
all'improvviso	plötzlich
ricordarsi	sich erinnern
velocemente *welotschem**e**nte*	schnell
fare in tempo	es zeitlich schaffen
in fretta e furia *in fr**e**tta e f**u**ria*	in Windeseile
precipitarsi *pretschipit**a**rsi*	sich stürzen
la classe	Klasse
l'andata *f*	Hinweg, Hinfahrt
il ritorno	Rückkehr, Rückfahrt
andata e ritorno	hin und zurück
nemmeno	nicht einmal, auch nicht
il resto	Rest, Wechselgeld
il binario	Gleis
scendere *sch**e**ndere*	aussteigen, hinuntergehen
neppure	nicht einmal, auch nicht
posto	Platz
stare in piedi	stehen
il corridoio *il corrid**o**io*	Korridor, Gang
lo spazio *lo sp**a**zio*	Platz, Raum

Lezione 13 – Lektion 13

Cose che succedono

Dinge, die passieren

I.1. Un litigio

A Roma il traffico è caotico. Dappertutto ci sono macchine, moto, autobus, camion, segnali stradali, e semafori. Peter e Karin sono in macchina.

(Karin: *K.*, Peter: *P.*, guidatore: *G.)*

K. Perchè guidi così distrattamente. Devi stare attento, perchè si fa presto a fare un incidente.

P. Ma è proprio impossibile guidare tranquillamente qui a Roma. Ma come fanno questi romani a sopportare questo caos? A me non piace affatto lo stile di guida italiano. Nessuno osserva le regole di precedenza, i semafori e i segnali. Ognuno corre velocemente, poi frena improvvisamente e per ogni piccolezza suona la tromba. Si diventa nervosi qui.

K. Su, non essere così polemico. Se a loro piace guidare così, bisogna adeguarsi. E poi a me sembra che succedono meno incidenti che a Monaco, dove ognuno pensa solo a se stesso. Qui invece tutti stanno più attenti. È una forma particolare di prudenza.

P. A te piace sempre difendere gli altri, perchè anche tu guidi male.

K. Oh, non arrabbiarti con me ora. Piuttosto guida più attentamente . . . attenzione, arriva una macchina da destra, frena, presto!

P. Scusa se ho frenato così bruscamente, ero sopra pensiero.

K. Il guidatore dell'altra macchina è furibondo. Deve aver preso un grande spavento.

G. Ma che fa Lei? Dorme? Ma è questo il modo di guidare? Chi ha dato la patente a Lei?

P. Si calmi! Ho torto io, ma a Lei non occorre gridare tanto. Può succedere facilmente a tutti di essere distratti. Anche a Lei, non solo a me!

K. Non è successo niente. È andata ancora bene. Cosa vuole da noi?

P. Proseguiamo, non vale la pena litigare.

I.2. Übersetzung

Ein Streit

In Rom ist der Verkehr chaotisch. Überall sind Autos, Motorräder, Autobusse, Lastwagen, Verkehrszeichen und Ampeln. Peter und Karin fahren im Auto.

(Karin: *K.,* Peter: *P.,* Fahrer: *G.)*

K. – Warum fährst du so unaufmerksam? Du mußt aufpassen, denn man baut schnell einen Unfall. *P.* – Aber es ist wirklich unmöglich, hier in Rom ruhig zu fahren. Aber wie machen es die Römer, dieses Chaos zu ertragen? Mir gefällt der Fahrstil der Italiener überhaupt nicht. Niemand beachtet die Vorfahrtsregeln, die Ampeln und die Verkehrszeichen. Jeder fährt schnell, dann bremst er plötzlich, und wegen jeder Kleinigkeit hupt er. Man wird nervös hier. *K.* – Ach, sei nicht so polemisch. Wenn es ihnen gefällt, so zu fahren, muß man sich anpassen. Und außerdem scheint mir, daß weniger Unfälle passieren als in München, wo jeder nur an sich denkt. Hier hingegen geben alle acht. Es ist eine besondere Form von Vorsicht. *P.* – Dir macht es immer Spaß, die anderen zu verteidigen, weil du auch schlecht fährst. *K.* – Oh, ärgere dich jetzt nicht über mich. Fahr lieber vorsichtiger . . . Achtung, es kommt ein Auto von rechts, bremse, schnell! *P.* – Entschuldige, daß ich so scharf gebremst habe, ich war zerstreut. *K.* – Der Fahrer des anderen Autos ist wütend. Er muß einen großen Schrecken bekommen haben. *G.* – Was machen Sie denn? Schlafen Sie? Ist das die Art zu fahren? Wer hat Ihnen den Führerschein gegeben? *P.* – Beruhigen Sie sich! Ich bin im Unrecht, aber Sie brauchen nicht so zu schreien. Es kann jedem leicht passieren, zerstreut zu sein. Auch Ihnen, nicht nur mir! *K.* – Es ist nichts passiert. Es ist noch gut gegangen. Was wollen Sie von uns? *P.* – Fahren wir weiter, es lohnt sich nicht zu streiten.

I.3. Grammatik

1. Das Adverb

attento – attent**amente** veloce – veloc**emente**	Man bildet das Adverb, indem man an die **weibliche** Form des Adjektivs die Endung **-mente** anhängt.
faci**le** – facil**mente** particola**re** – particolar**mente**	Endet das Adjektiv auf **-le** oder **-re,** wird das **-e** weggelassen.
Unregelmäßige Adverbformen	
buono – bene cattivo – male	*gut* *schlecht*

2. Betontes Personalpronomen

Nominativ		
io tu lui/lei/Lei noi voi loro/Loro	*ich* *du* *er/sie/es/Sie* *wir* *ihr* *sie/Sie*	Die betonten Personalpronomen werden nur gebraucht, wenn sie besonders hervorgehoben oder voneinander unterschieden werden sollen.

Akkusativ		
me	*mich*	Die anderen Fälle werden durch
te	*dich*	Vorsetzen der Präpositionen di,
lui/lei/Lei	*ihn, ihr, Ihr*	a, da usw. gebildet.
se/sè	*sich*	Im Zusammenhang mit den Prä-
noi	*uns*	positionen werden immer die
voi	*euch*	betonten Personalpronomen
loro/Loro	*sie/Sie*	gebraucht.

I.4. Übungen

1. Bilden Sie das Adverb zu folgenden Adjektiven:
veloce, facile, attento, prudente, particolare, brusco, cattivo, buono, lento.

2. Setzen Sie statt des Substantivs das betonte Personalpronomen ein:
Peter porta i fiori a Karin. Il venditore da il resto a Karin e Peter. La giacca è di Karin, mentre il vestito è di Peter. Peter fà un viaggio con Karin.

3. Übersetzen Sie:
In Rom ist der Verkehr chaotisch. Es ist unmöglich, in Rom ruhig zu fahren. Man muß sehr langsam und aufmerksam fahren, weil man sonst leicht einen Unfall baut. Mir gefällt der Fahrstil der Italiener überhaupt nicht. Wenn es ihnen aber so gefällt, muß man sich anpassen. Außerdem scheint mir, daß hier weniger Unfälle passieren als in München, wo jeder nur an sich denkt. Dir gefällt es, die anderen zu verteidigen, weil du selbst schlecht fährst. Es kann jedem leicht passieren, unaufmerksam zu sein, nicht nur mir, sondern auch Ihnen.

I.5. Wortschatz

il litigio *il lit**i**dscho*	Streit	il camion *il k**a**mion*	Lastwagen
il traffico *il tr**a**ffiko*	Verkehr	il segnale stradale *il senj**a**le strad**a**le*	Verkehrs-zeichen
caotico *ka**o**tiko*	chaotisch		
dappertutto	überall		

il semaforo *il semaforo*	Ampel
il guidatore	Fahrer
così *kosi*	so
distratto	unaufmerksam
l'incidente *m* *lintschidente*	Unfall
impossibile *impossibile*	unmöglich
sopportare	ertragen
il caos	Chaos
affatto	durchaus
non ... affatto	überhaupt nicht
lo stile di guida	Fahrstil
osservare	beachten
la precedenza *la pretschedenza*	Vorfahrt
ognuno *onjuno*	jeder
frenare	bremsen
la piccolezza *la pikkolezza*	Kleinigkeit
suonare	läuten, klingeln
la tromba	Hupe
nervoso	nervös
polemico *polemiko*	polemisch
adeguarsi	sich anpassen
pensare	denken
se stesso	sich selbst
la forma	Form
particolare	besonderer
la prudenza	Vorsicht
difendere *difendere*	verteidigen
male	schlecht
arrabbiarsi	sich ärgern
piuttosto	eher, vielmehr, lieber
attento	aufmerksam
attenzione	Achtung
brusco	scharf, plötzlich
essere sopra pensiero	zerstreut sein
furibondo	wütend
lo spavento	Schreck(en)
dormire	schlafen
il modo	Art
calmarsi	sich beruhigen
il torto	Unrecht
facile *fatschile*	leicht
gridare	schreien
vale la pena	es lohnt sich
litigare	streiten

II.1. Un annuncio sul giornale

Sul quotidiano di Roma «Paese sera» del martedì c'è un annuncio interessante: « Affittasi piccolo chalet di nuova costruzione, due camere, cucina, bagno, piccolo giardino, caminetto di mattoni, vicino al mare. Amalfi». Peter e Karin decidono di telefonare il giorno seguente di mattina per avere ulteriori informazioni. A loro non dispiacerebbe trascorrere due settimane di riposo ad Amalfi. Chissà di chi è la casa e quanto costa l'affitto. Se l'affitto è più alto di duecentomila lire non ci possono andare.

II.2. Übersetzung

Eine Anzeige in der Zeitung

In der Tageszeitung von Rom „Paese sera" vom Dienstag steht eine interessante Anzeige: „Vermiete kleines Chalet, Neubau, zwei Zimmer, Küche, Bad, kleiner Garten, Kamin aus Ziegelsteinen, in der Nähe des Meeres. Amalfi." Peter und Karin beschließen, am folgenden Tag morgens anzurufen, um weitere Informationen zu bekommen. Es würde ihnen nicht mißfallen, zwei Wochen Ruhe in Amalfi zu haben. Wer weiß, wem das Haus gehört und wieviel die Miete kostet. Wenn die Miete höher ist als zweihunderttausend Lire, können sie nicht dorthin fahren.

II.3. Grammatik

Gebrauch der Präposition di

la macchina di Peter	Bezeichnung des Eigentums
di mattina	zeitlich
il quotidiano di Roma	Bezeichnung der Herkunft
di nuova costruzione	Bezeichnung einer Eigenschaft
lo stile di guida	Bildung zusammengesetzter Substantive
caminetto di mattoni	Bezeichnung des Materials
decidono di telefonare	nach bestimmten Verben mit Infinitiv

II.4. Übungen

Übersetzen Sie:

In der Tageszeitung vom Dienstag stehen viele interessante Anzeigen. Peter und Karin interessieren sich für ein kleines Chalet in Amalfi mit zwei Zimmern, einem kleinen Garten und einem Kamin aus Ziegelsteinen. Sie wollen zwei Wochen Ruhe haben. Sie beschließen, morgens anzurufen. Wer weiß, wieviel die Miete kostet.

II.5. Wortschatz

l'annuncio *m* *lannuntscho*	Anzeige
il quotidiano	Tageszeitung
affittare	vermieten, mieten
affittasi	man vermietet, zu vermieten
lo chalet *lo schale*	Chalet
la costruzione	Bau
la cucina *la kutschina*	Küche
il giardino *il dschardino*	Garten
il caminetto	Kamin
il mattone	Ziegelstein
seguente	folgender
ulteriore	weiterer
dispiacerebbe	täte leid
la settimana	Woche
il riposo	Ruhe
la casa	Haus
l'affitto *m*	Miete
alto	hoch

Lezione 14 – Lektion 14

L'ultimo giorno a Roma

Der letzte Tag in Rom

I.1. Al ristorante

Peter e Karin vanno a pranzo in un buon ristorante di Roma vicino alla Piazza di Spagna.

(Peter: *P.*, Karin: *K.*, cameriere: *C.*)

P. Un tavolo per due persone, per favore.

C. Deve aspettare un momento, prego. Fra cinque minuti si libera un tavolo.

K. Fa niente, intanto prendiamo l'aperitivo.

C. Ecco, signori! Il tavolo è libero, si accomodino prego. Che cosa posso portare Loro da bere?

P. Un litro di vino rosso, per favore e mezzo litro di acqua minerale.

C. E come primo cosa posso servire Loro?

K. Peter tu cosa prendi? Ti piacciono i tortellini alla panna o preferisci le tagliatelle al sugo?

C. Se mi permette signora, io Le consiglio la zuppa di pesce, che è fresca e molto saporita.

K. No, non mi piace il pesce. Forse mio marito, so che gli piace il pesce.

P. Sì, io prendo la zuppa di pesce, mi raccomando che sia calda.

K. E io scelgo le tagliatelle al sugo.

C. Benissimo e come secondo piatto che cosa porto Loro? Posso consigliarvi la scaloppina al marsala oppure l'arrosto di vitello.

P. Mi porti una porzione di scampi fritti e come contorno una bella insalata mista.

C. E Lei signora?

K. Mi può portare una bella braciola di vitello alla griglia con patate fritte?

C. Va bene, Vi porto subito il primo. Ah, non desiderano un antipasto?

K. No, non ci piace.

C. Come vogliono Loro.

K. Peter, mi puoi accendere la sigaretta, prego? Poco fa ti ho dato il mio accendino.

P. Che distratto! L'ho dimenticato su una panchina.

K. E la testa ce l'hai ancora? Guarda, il cameriere ci porta già il primo.

P. E l'acqua minerale? L'ha dimenticata?

K. E il vino?

C. Li porto subito.

K. Buon appetito, Peter.

P. Grazie, altrettanto. Che belle le tue tagliatelle!

K. Oggi le mangio tutte perchè ho una fame da lupo.

Im Restaurant

Peter und Karin gehen zum Mittagessen in ein gutes Restaurant in der Nähe der „Piazza di Spagna“.

(Peter: *P.*, Karin: *K.*, Kellner: *C.)*
P. – Einen Tisch für zwei Personen, bitte. *C.* – Sie müssen einen Augenblick warten, bitte. In fünf Minuten wird ein Tisch frei. *K.* – Macht nichts, inzwischen nehmen wir einen Aperitif. *C.* – So, meine Herrschaften! Der Tisch ist frei, nehmen Sie Platz, bitte. Was kann ich Ihnen zu trinken bringen? *P.* – Einen Liter Rotwein und einen halben Liter Mineralwasser. *C.* – Und was kann ich Ihnen als ersten Gang servieren? *K.* – Was nimmst du, Peter? Schmecken dir Tortellini mit Sahne oder magst du lieber Bandnudeln mit Sauce? *C.* – Wenn Sie mir gestatten, meine Dame, ich empfehle Ihnen die Fischsuppe, die frisch und sehr schmackhaft ist. *K.* – Nein, ich mag keinen Fisch. Vielleicht mein Mann, ich weiß, daß ihm Fisch schmeckt. *P.* – Ja, ich nehme die Fischsuppe. Aber ich bitte darum, daß sie warm ist. *K.* – Und ich wähle die Bandnudeln mit Sauce. *C.* – Sehr gut, und was bringe ich Ihnen als zweiten Gang? Ich kann Ihnen ein Schnitzel mit Marsalasauce empfehlen oder den Kalbsbraten. *P.* – Bringen Sie mir eine Portion gebackene Scampi und als Beilage einen schönen gemischten Salat. *C.* – Und Sie, meine Dame? *K.* – Können Sie mir ein schönes Kalbskotelett vom Grill mit gerösteten Kartoffeln bringen? *C.* – Geht in Ordnung, ich bringe sofort den ersten Gang. Ah, wünschen Sie keine Vorspeise? *K.* – Nein, sie schmeckt uns nicht. *C.* – Wie Sie wollen. *K.* – Peter, kannst du mir die Zigarette anzünden, bitte? Vor kurzem habe ich dir mein Feuerzeug gegeben. *P.* – Wie zerstreut ich bin! Ich habe es auf einer Bank vergessen. *K.* – Und den Kopf, hast du den noch? Schau, der Kellner bringt uns schon den 1. Gang. *P.* – Und das Mineralwasser. Haben Sie es vergessen? *K.* – Und den Wein? *C.* – Ich bringe sie sofort. *K.* – Guten Appetit, Peter. *P.* – Danke, ebenfalls. Was für schöne Bandnudeln. *K.* – Heute esse ich sie alle, weil ich einen Wolfshunger habe.

1. Die unbetonten Personalpronomen

Dativ		
mi	*mir*	Die unbetonten Personalpronomen werden im Dativ und Akkusativ gebraucht, wenn kein besonderer Nachdruck auf ihnen liegt und sie nicht mit einer Präposition verbunden sind. Sie stehen in der Regel unmittelbar vor dem Verb, in zusammengesetzten Zeiten vor dem Hilfsverb.
ti	*dir*	
gli	*ihm*	
le	*ihr*	
Le	*Ihnen*	
ci	*uns*	
vi	*euch*	
loro	*ihnen*	
Loro	*Ihnen*	
si	*sich*	
Akkusativ		
mi	*mich*	
ti	*dich*	
lo	*ihn*	
la	*sie*	
La	*Sie*	
ci	*uns*	
vi	*euch*	
li	*sie/Sie (m)*	
le	*sie/Sie (f)*	
si	*sich*	

2. Zum Gebrauch der Personalpronomen

ti porto le tagliatelle ti ho portato le tagliatelle *aber:* porto Loro le tagliatelle ho portato loro le tagliatelle gli porto le tagliatelle	**loro, Loro** wird immer nachgestellt. Statt loro kann man auch **gli** setzen, wenn klar ist, auf wen es sich bezieht.

l'ho dimenticato (il vino) l'ho dimenticata (l'acqua) li ho dimenticati (i signori) le ho dimenticate (le signore)	In den zusammengesetzten Zeiten richtet sich das Partizip Perfekt in Genus und Numerus nach den Akkusativpronomen **lo, la, li, le. Lo** und **la** können apostrophiert werden, nicht aber **li** und **le.**
desidero chiederti	Das Pronomen wird dem Infinitiv unter Ausstoßung des **-e** angehängt.
devo chiederti ti devo chiedere posso chiederti ti posso chiedere voglio chiederti ti voglio chiedere	Bei den Verben **dovere, potere, volere** kann das Pronomen sowohl dem Infinitiv angehängt als auch den Verben vorangestellt werden.

I.4. Übungen

1. Setzen Sie statt des Dativ- oder Akkusativobjekts das Pronomen ein:

Il cameriere porta le tagliatelle. Il cameriere ha portato le tagliatelle. Peter ordina il pesce. Peter ha ordinato il pesce. Il cameriere ha dimenticato l'acqua minerale. Peter porta a Karin un mazzo di fiori. Karin dà a Peter l'accendino. Il cameriere serve a Peter e Karin il pranzo. Il cameriere ha servito a Peter e Karin il primo. Il cameriere consiglia a Karin la zuppa di pesce. Karin aiuta Peter. Peter ha aiutato Karin. Il cameriere può portare il pesce.

2. Übersetzen Sie:

Peter und Karin gehen in ein gutes Restaurant Mittag essen. Karin bestellt als ersten Gang Tagliatelle mit Sauce, Peter hingegen eine Fischsuppe. Als zweiten Gang bestellen sie gebackene Scampi und ein Kotelett vom Grill. Als Beilagen wünschen sie einen gemischten Salat und eine Portion Bratkartoffeln. Der Kellner bringt ihnen den ersten Gang. Er bringt ihr das Mineralwasser. Die Fischsuppe schmeckt ihm. Die Bandnudeln schmekken ihr. Peter will ihr helfen. Peter zündet ihr die Zigarette an. Sie geben ihm Trinkgeld.

I.5. Wortschatz

il ristorante	Restaurant
il pranzo	Mittagessen
il tavolo *il t**a**wolo*	Tisch
si libera (liberare) *si l**i**bera*	wird frei (befreien, räumen)
l'aperitivo *m*	Aperitif
bere	trinken
il litro	Liter
il vino	Wein
l'acqua *f* minerale	Mineralwasser
il primo	erster Gang
servire	servieren
i tortellini	Tortellini *(mit Fleisch gefüllte Teigringe)*
la panna	Sahne
le tagliatelle *le taljat**e**lle*	Bandnudeln
il sugo	Sauce
consigliare *konsilj**a**re*	empfehlen
la zuppa	Suppe
il pesce *il p**e**sche*	Fisch
il marito	Ehemann
raccomandarsi	sich empfehlen, sich verlassen *(auf)*
mi raccomando	wenn ich bitten darf!, ich bitte Sie!
sia	sei
il secondo piatto	zweiter Gang
la scaloppina al marsala *la skalopp**i**na al mars**a**la*	Schnitzel mit Marsalasauce
l'arrosto *m*	Braten
il vitello	Kalb
la porzione	Portion
gli scampi	Scampi
fritto	gebacken
il contorno	Beilage
misto	gemischt
la braciola *la bratsch**o**la*	Kotelett
la griglia *la gr**i**lja*	Grill
la patata	Kartoffel
l'antipasto	Vorspeise
poco fa	vor kurzer Zeit, vor kurzem
l'accendino *m* *lattschend**i**no*	Feuerzeug
la paura *la pa**u**ra*	Angst
l'appetito *m*	Appetit
altrettanto	ebenfalls
il lupo	Wolf

II.1. Una decisione

Peter e Karin hanno saputo che possono affittare lo chalet vicino ad Amalfi. Ne hanno discusso a lungo, ci hanno riflettuto bene e poi hanno deciso di andarci. Il padrone sembra un uomo simpatico. Gli hanno telefonato alcune volte. Ha detto che li vuole aiutare. Anche Peter e Karin sono curiosi di vederlo. Forse faranno amicizia con lui.

II.2. Übersetzung

Eine Entscheidung

Peter und Karin haben erfahren, daß sie das Chalet in der Nähe von Amalfi mieten können. Sie haben lange darüber diskutiert, sie haben es sich gut überlegt und dann haben sie beschlossen hinzufahren. Der Besitzer scheint ein sympathischer Mann zu sein. Sie haben ihn einige Male angerufen. Er hat gesagt, er will ihnen helfen. Auch Peter und Karin sind neugierig, ihn zu sehen. Vielleicht werden sie mit ihm Freundschaft schließen.

II.3. Grammatik

1. Die Pronomen ci und ne

ci penso (alla casa) ci vado (ad Amalfi)	**ci** vertritt ein Substantiv oder Pronomen im Dativ.
ne voglio (delle mele) ne parliamo (della casa)	**ne** bezieht sich auf eine Sache im Genitiv

2. Aiutare, telefonare, chiedere, domandare und Pronomen

lo aiuto	**aiutare + Akkusativpronomen**
gli chiedo gli domando gli telefono	**chiedere, domandare, telefonare + Dativ**pronomen

II.4. Übung

Setzen Sie statt der Substantive die unbetonten Pronomen ein:
Aiuto Peter. Aiuto Karin a fare la valigia. Aiutiamo i nonni a scendere. Vogliamo andare a Roma. Abbiamo parlato a lungo della cosa. Abbiamo riflettuto sul problema. Karin chiede a Peter, se vuole venire. Peter telefona a sua madre. Karin domanda al cameriere l'acqua minerale.

II.5. Wortschatz

la decisione *la detschisione*	Entscheidung
discutere *diskutere*	diskutieren
a lungo	lange
ci *tschi*	darüber
riflettere *riflettere*	nachdenken
il padrone	Besitzer
simpatico *simpatiko*	sympathisch
curioso	neugierig
faranno	sie werden machen
l'amicizia *f* *lamitschizia*	Freundschaft
fare amicizia	Freundschaft schließen

Lezione 15 – Lektion 15

Decisioni

Entscheidungen

I.1. Progetti per il futuro

La mattina Peter e Karin si svegliano e fanno progetti per le prossime settimane di vacanza.

(Peter: *P.*, Karin: *K.)*

P. Partiremo domani mattina per Amalfi. In tre ore saremo a Napoli, ci fermeremo lì alcune ore e poi continueremo il viaggio per Amalfi.

K. Mi è stato detto che la strada lungo la costa è molto stretta e a serpentine. Ci metteremo parecchio tempo.

P. Sì, però avremo una vista bellissima sul mare e sulla costa. Dev'essere meraviglioso!

K. Sono già emozionata. Sarà un viaggio indimenticabile.

P. Però dovremo sbrigare alcune cose domani mattina, prima di partire.

K. Io farò le valige, mentre tu pagherai il conto dell'albergo.
P. Compreremo anche alcuni regalini per gli amici e i parenti.
K. Mi sa che domani spenderemo di nuovo molti soldi.
P. Non importa, siamo in ferie e non occorre risparmiare. Cominceremo a risparmiare quando saremo a casa.
K. A Monaco poi ti lamenterai . . . Ho deciso che scriverò a Maria Pia. Abita a Napoli e potremo farle una visita. Che ne dici?
P. Sarei felicissimo di conoscerla, me ne hai parlato già tanto.
K. È una mia vecchia amica, che non vedo da sei anni. Ti piacerà sicuramente, perchè è molto simpatica e ospitale. Ci accoglierà sicuramente molto bene. Ci potrà mostrare Napoli e forse verrà alcuni giorni con noi ad Amalfi.
P. Eserciteremo meglio l'italiano, così quando ritorneremo a Monaco i nostri colleghi del corso si meraviglieranno dei nostri progressi.

I.2. Übersetzung

Pläne für die Zukunft

In der Frühe wachen Peter und Karin auf und machen Pläne für die nächsten Urlaubswochen.

(Peter: *P.*, Karin: *K.)*
P. – Wir werden morgen früh nach Amalfi abreisen. In drei Stunden werden wir in Neapel sein, wir werden uns dort einige Stunden aufhalten, und dann werden wir unsere Reise nach Amalfi fortsetzen. *K.* – Mir ist gesagt worden, daß die Straße entlang der Küste sehr eng und in Serpentinen verläuft. Wir werden viel Zeit brauchen. *P.* – Ja, wir werden aber einen herrlichen Blick aufs Meer und auf die Küste haben. Es muß herrlich sein. *K.* – Ich bin schon aufgeregt. Es wird eine unvergeßliche Reise sein. *P.* – Wir müssen aber morgen früh noch einige Sachen erledigen, bevor wir fahren. *K.* – Ich werde die Koffer packen, während du die Hotelrechnung bezahlst. *P.* – Wir werden auch einige kleine Geschenke für die Freunde und die Verwandten

kaufen. *K.* – Es scheint mir, daß wir morgen wieder viel Geld ausgeben werden. *P.* – Macht nichts, wir sind im Urlaub, und man braucht nicht zu sparen. Wir werden anfangen zu sparen, wenn wir zu Hause sind. *K.* – In München wirst du dich dann beklagen ... Ich habe beschlossen, daß ich Maria Pia schreiben werde. Sie wohnt in Neapel, und wir werden sie besuchen können. Was meinst du dazu? *P.* – Ich wäre sehr froh, sie kennenzulernen, du hast mir schon so viel davon erzählt. *K.* – Sie ist eine alte Freundin von mir, die ich seit sechs Jahren nicht mehr sehe. Sie wird dir sicherlich gefallen, weil sie sehr sympathisch und gastfreundlich ist. Sie wird uns sicher sehr gut empfangen. Sie wird uns Neapel zeigen können, und vielleicht wird sie einige Tage mit uns nach Amalfi kommen. *P.* – Wir werden besser Italienisch üben, und wenn wir nach München zurückkehren, werden sich unsere Kurskollegen über unsere Fortschritte wundern.

I.3. Grammatik

1. Das Futur der Hilfsverben avere und essere

avere	essere
avrò	sarò
avrai	sarai
avrà	sarà
avremo	saremo
avrete	sarete
avranno	saranno

2. Das Futur der Verben auf -are, -ere, -ire

comprare *(kaufen)*	vendere *(verkaufen)*	partire *(abreisen)*
compr-erò	vend-erò	part-irò
compr-erai	vend-erai	part-irai
compr-erà	vend-erà	part-irà
compr-eremo	vend-eremo	part-iremo
compr-erete	vend-erete	part-irete
compr-eranno	vend-eranno	part-iranno

I.4. Übungen

1. Setzen Sie die folgenden Sätze in das Futur:

Partiamo domani mattina. Andiamo ad Amalfi. Prima però dobbiamo pagare il conto. Compriamo alcuni regalini per gli amici e i parenti. Spendiamo molti soldi. Risparmiamo quando siamo a casa. È un bel viaggio. Siamo a Napoli in tre ore. Abbiamo una bella vista sul mare e sulla costa.

2. Übersetzen Sie:

Peter und Karin machen Pläne für die nächsten Urlaubswochen. Sie werden nach Amalfi fahren und werden vorher Neapel besichtigen. Die Reise wird sehr schön sein. Vorher müssen sie noch einige Sachen erledigen. Karin wird ihrer Freundin in Neapel schreiben, die sie schon seit sechs Jahren nicht mehr sieht. Sie wird Peter gefallen, weil sie sehr sympathisch und gastfreundlich ist. Sie wird sie sehr gut empfangen. Sie wird ihnen Neapel zeigen, und vielleicht wird sie auf einige Tage nach Amalfi kommen.

I.5. Wortschatz

il progetto *il prodschetto*	Plan
il futuro	Zukunft
prossimo *prossimo*	nächster
continuare	fortfahren
lungo	entlang, lang
la costa	Küste
stretto	eng
le serpentine	Serpentinen
parecchio *parekkio*	viel
la vista	Blick
bellissimo *bellissimo*	wunderschön
meraviglioso *merawiljoso*	herrlich
emozionato	aufgeregt
indimenticabile *indimentikabile*	unvergeßlich
sbrigare	erledigen
il regalino	Geschenkchen
il parente	Verwandter
spendere *spendere*	ausgeben
importare	wichtig sein
le ferie *le ferie*	Ferien, Urlaub
risparmiare	sparen
cominciare *komintschare*	anfangen
lamentarsi	jammern, sich beklagen
scrivere *skriwere*	schreiben
abitare	wohnen
la visita *la wisita*	Besuch

felicissimo *felitschissimo*	sehr glücklich	Napoli *napoli*	Neapel
		esercitare	ausüben, üben
vecchio *wekkio*	alt	ritornare	zurückkehren
ospitale	gastfreundlich	il collega	Kollege
accogliere *akkoljere*	empfangen	meravigliarsi *meraviljarsi*	sich wundern
sicuro	sicher	il progresso	Fortschritt
mostrare	zeigen		

II.1. Una lettera a un'amica

Cara Maria Pia,
Sarai sorpresa di ricevere una mia lettera da Roma. Peter e io siamo qui in vacanza e verremo nei prossimi giorni a Napoli. Naturalmente verrò a trovarti insieme a Peter. Finalmente vi conoscerete. Cercheremo di convincerti a venire da noi ad Amalfi per alcuni giorni. Faremo lunghe chiacchierate insieme, parleremo di tutto ciò che è successo negli ultimi tempi, andremo a prendere il sole sugli scogli e faremo dei bei bagni. Se vorrai, potrai insegnarci meglio l'italiano. Appena saremo a Napoli, proverò a telefonarti sperando di trovarti. Carissimi saluti e bacioni, tua Karin. A presto.

II.2. Übersetzung

Ein Brief an eine Freundin

Liebe Maria Pia,
Du wirst überrascht sein, einen Brief von mir aus Rom zu bekommen. Peter und ich sind hier im Urlaub und werden in den nächsten Tagen nach Neapel kommen. Selbstverständlich komme ich Dich zusammen mit Peter besuchen. Endlich werdet ihr euch kennenlernen. Wir werden versuchen, Dich zu überreden, mit uns für einige Tage nach Amalfi zu fahren. Wir werden lange plaudern, wir werden über alles, was in der letzten Zeit geschehen ist, reden, wir werden auf die Felsen zum Sonnen gehen und werden schön baden. Wenn Du willst, kannst Du uns besser Italienisch lehren. Sobald wir in Neapel sind, werde ich versuchen, Dich anzurufen, hoffentlich bist Du da. Sehr liebe Grüße und Küsse, Deine Karin. Bis bald.

II.3. Grammatik

Besonderheit einiger Verben im Futur

<table>
<tr><td colspan="2">cerc-h-erò
pag-h-erò</td><td>Bei den Verben auf -are, deren Stamm auf g, c oder sc endet, wird vor der Futurendung ein h eingeschoben.</td></tr>
<tr><td colspan="2">cominci-are – cominc-erò
lasci-are – lasc-erò
mangi-are – mang-erò</td><td>Bei den Verben auf -are, deren Stamm auf ci, sci oder gi endet, entfällt das -i.</td></tr>
<tr><td>vedere
vedrò</td><td>potere
potrò</td><td rowspan="4">Bei den Verben auf -ere, die im Infinitiv endungsbetont sind, fällt das -e aus, wenn der Stamm auf d, p, t oder v endet</td></tr>
<tr><td>sapere
saprò</td><td>dovere
dovrò</td></tr>
<tr><td colspan="2">ebenso</td></tr>
<tr><td colspan="2">andare
andrò</td></tr>
<tr><td>stare
starò</td><td>dire
dirò</td><td rowspan="3">Die Verben, die im Infinitiv eine Kurzform haben, bilden das Futur verkürzt. Ebenso venire und volere.</td></tr>
<tr><td>dare
darò</td><td>venire
verrò</td></tr>
<tr><td>fare
farò</td><td>volere
vorrò</td></tr>
</table>

II.4. Übungen

Setzen Sie folgende Sätze in das Futur:

Domani paghiamo il conto. Lasciamo la mancia al portiere. Peter vede l'amica di Karin. Può finalmente conoscerla. Peter e Karin vanno a Napoli. Fanno lunghe chiacchierate con Maria Pia. Karin può raccontare tutto ciò che è successo negli ultimi tempi.

II.5. Wortschatz

la sorpresa	Überraschung
sorpreso	überrascht
venire a trovare	besuchen kommen
convincere *konw**i**ntschere*	überzeugen, überreden
la chiacchierata	Plauderei
fare una chiacchierata	plaudern
lo scoglio *lo sk**o**ljo*	Felsen

insegnare *insenj**a**re*	lehren
appena	sobald, erst
sperando	hoffend
carissimo *kar**i**ssimo*	sehr lieb
il saluto	Gruß
il bacione *il batsch**o**ne*	großer Kuß
a presto	bis bald

Lezione 16 – Lektion 16

L'amica di Napoli

Die Freundin aus Neapel

I.1. Una visita

È il venti agosto: Peter e Karin si trovano a Napoli e fanno una visita a Maria Pia, un'amica di Karin. Suonano il campanello.

(Maria Pia: *M.P.*, Karin: *K.*, Peter: *P.)*

M.P. Ma che sorpresa, che piacere! Venite avanti, accomodatevi nel soggiorno. Quando mi hai telefonato da Roma ero pazza di gioia.

K. Finalmente, dopo sei anni si è avverato il mio desiderio di vederti.

M.P. Ti trovo benissimo. Sei bella abbronzata e i capelli corti ti stanno molto bene. Si vede che le vacanze ti fanno bene.

K. Anch'io ti trovo molto bene, come quando eri a Monaco. Non sei affatto cambiata. Ti presento mio marito.

P. Ciao, mi chiamo Peter. Karin mi ha parlato spesso e molto di te; sono contento di avere l'occasione di conoscerti personalmente.

M.P. Piacere. Purtroppo non sono potuta venire alle vostre nozze, perchè in quel periodo ero molto impegnata. Ora sono contentissima che siate venuti a trovarmi.

K. In primavera ho pensato molto a te ed ai due mesi – maggio e giugno – che ho trascorso insieme a te sei anni fa. Ti ricordi?

M.P. Come no? Ci penso molte volte. Ero a Monaco per studiare il tedesco e ti ho conosciuta in una gelateria di Schwabing.

K. Abbiamo fatto molte passeggiate, siamo uscite spesso la sera insieme ed io ho iniziato a studiare l'italiano.

M.P. Peccato che sono dovuta partire a luglio. Sarei rimasta volentieri ancora tutta l'estate fino in autunno.

K. Ti ricordi ancora delle serate trascorse al «Englischer Garten» e delle tue prime esperienze con la birra?

M.P. Caspita! È stato molto divertente. Però prima di continuare la nostra chiacchierata vi faccio un caffè.

P. Una buona idea.

K. Vengo con te in cucina per darti una mano.

I.2. Übersetzung

Ein Besuch

Es ist der zwanzigste August. Peter und Karin halten sich in Neapel auf und besuchen Maria Pia, eine Freundin von Karin. Sie klingeln.

(Maria Pia: *M.P.*, Karin: *K.*, Peter: *P.)*

M.P. – Was für eine Überraschung, welche Freude! Kommt herein, setzt euch ins Wohnzimmer. Als du mich aus Rom angerufen hast, war ich außer mir vor Freude. *K.* – Nach sechs Jahren ist endlich mein Wunsch, dich zu sehen, in Erfüllung gegangen. *M.P.* – Ich finde, daß du sehr gut aussiehst. Du bist schön braun geworden, und die kurzen Haare stehen dir sehr gut. Man sieht, daß dir der Urlaub gut bekommt. *K.* – Ich finde, daß auch du sehr gut aussiehst, wie damals in München. Du hast dich überhaupt nicht verändert. – Ich stelle dir meinen Mann vor. *P.* – Tschau, ich heiße Peter. Karin hat mir oft und lang von dir erzählt. Ich bin froh, die Gelegenheit zu haben, dich persönlich kennenzulernen. *M.P.* – Sehr erfreut. Leider konnte ich nicht zu eurer Hochzeit kommen, weil ich zu der Zeit sehr beschäftigt war. Jetzt freue ich mich sehr, daß ihr zu Besuch gekommen seid. *K.* – Im Frühling habe ich oft an dich gedacht und an die zwei Monate – Mai und Juni –, die ich vor sechs Jahren mit dir verbracht habe. Erinnerst du dich? *M.P.* – Und ob! Ich denke sehr oft daran. Ich war in München, um Deutsch zu lernen, und habe dich in einer Eisdiele in Schwabing kennengelernt. *K.* – Wir haben viele Spaziergänge gemacht, wir sind oft abends zusammen ausgegangen, und ich habe angefangen, Italienisch zu lernen. *M.P.* – Schade, daß ich schon im Juli wegfahren mußte. Ich wäre gerne noch den ganzen Sommer bis zum Herbst geblieben. *K.* – Erinnerst du dich noch an die Abende, die wir im „Englischen Garten" verbracht haben, und an deine ersten Erfahrungen mit dem Bier? *M.P.* – Und ob! Es war sehr lustig. Aber bevor wir weiterplaudern, mache ich euch einen Kaffee. *P.* – Eine gute Idee! *K.* – Ich komme mit dir in die Küche, um dir behilflich zu sein.

I.3. Grammatik

1. Le stagioni dell'anno *(Die Jahreszeiten)*

la primavera	*Frühling*
l'estate *f*	*Sommer*
l'autunno *m*	*Herbst*
l'inverno *m*	*Winter*

2. I mesi *(Die Monate)*

il gennaio	*Januar*	il luglio	*Juli*
il febbraio	*Februar*	l'agosto *m*	*August*
il marzo	*März*	il settembre	*September*
l'aprile *m*	*April*	l'ottobre *m*	*Oktober*
il maggio	*Mai*	il novembre	*November*
il giugno	*Juni*	il dicembre	*Dezember*

3. La data *(Das Datum)*

Quanti ne abbiamo oggi?	*Der wievielte ist heute?*
Oggi ne abbiamo 10 Oggi è il 1. dicembre Oggi è il 2 dicembre Oggi è il 20 agosto	*Heute ist der zehnte.* Das Datum wird mit den Grundzahlen gebildet; nur beim 1. verwendet man die Ordnungszahl.
Roma, il 20 agosto 1980 Roma, il 1. agosto 1980	

4. Besonderheit von „besuchen" im Italienischen

fare una visita a Maria Pia andare a trovare Maria Pia	*Maria Pia besuchen*
visitare una città	*eine Stadt besichtigen*
Il medico visita Maria Pia.	*Der Arzt untersucht Maria Pia.*

I.4. Übungen

1. Schreiben Sie das Datum:
Rom, 1. September 1980. Neapel, 20. Dezember 1980. Venedig, 11. Februar 1980. Rom, 30. Januar 1980. Der wievielte ist heute? Heute ist der 1. April.

2. Übersetzen Sie:
Heute ist der 20. August; ein schöner Sommertag. Peter und Karin besuchen Maria Pia. Vor sechs Jahren ist Maria Pia in München gewesen, um Deutsch zu lernen. Karin und Maria Pia haben sich in einer Eisdiele in Schwabing kennengelernt; es ist ein schöner Frühling gewesen. Sie hat sich im Mai und Juni gut unterhalten. Maria Pia wäre gerne den ganzen Sommer bis zum Herbst in München geblieben. Sie haben viele Spaziergänge gemacht, sind abends ausgegangen, und Karin hat angefangen, Italienisch zu lernen.

I.5. Wortschatz

l'agosto *m*	August
fare una visita *fare una wiṣita*	besuchen
il campanello	Klingel, Glocke
il soggiorno *il soddschorno*	Wohnzimmer
pazzo	verrückt
la gioia *la dschoia*	Freude
avverarsi	in Erfüllung gehen
il desiderio *il desiderio*	Wunsch
abbronzato	gebräunt
corto	kurz
stare bene	gut stehen
eri	du warst
essere cambiato *essere cambiato*	verändert sein
presentare	vorstellen
ciao! *tschao!*	tschau!, Servus!
chiamarsi	heißen
spesso	oft
contento	zufrieden, froh
l'occasione *f*	Gelegenheit
personalmente	persönlich
le nozze	Hochzeit
impegnato	beschäftigt
siate	ihr seid *(Konjunktiv)*
andare a trovare	besuchen
la primavera	Frühling
il mese	Monat
il maggio *il maddscho*	Mai
il giugno *il dschunjo*	Juni
sei anni fa	vor sechs Jahren
la volta	Mal
ero	ich war
la gelateria *la dschelateria*	Eisdiele
la passeggiata *la passeddschata*	Spaziergang
iniziare	beginnen
peccato	schade
il luglio *il luljo*	Juli
sarei	ich wäre
l'estate *f*	Sommer
l'autunno *m*	Herbst
la serata	Abend
la birra	Bier
caspita! *kaspita!*	und ob!
divertente	lustig, unterhaltsam
l'idea *f*	Idee
dare una mano	behilflich sein, helfen

II.1. Chi è Maria Pia?

Maria Pia è un'amica di Karin? Certamente. Chi vanno a trovare Peter e Karin? Fanno una visita a Maria Pia. Di quale città è Maria Pia? È di Napoli. Quanti anni ha? Maria Pia ha compiuto un mese fa trent'anni. E quale professione esercita? Maria Pia è redattrice. Che cosa vogliono fare Peter e Karin?

Vogliono invitare Maria Pia a passare alcuni giorni con loro ad Amalfi. Che cosa risponde Maria Pia? Dice, che le farà piacere stare alcuni giorni in loro compagnia. Dovrà solo disdire tutti gli appuntamenti di lavoro che ha preso. Ciò non è un grosso problema: tramite alcune telefonate potrà risolvere la questione. Che cosa c'è di meglio di alcuni giorni di vacanza?

II.2. Übersetzung

Wer ist Maria Pia?

Ist Maria Pia eine Freundin von Karin? Gewiß. Wen besuchen Peter und Karin? Sie besuchen Maria Pia. Aus welcher Stadt ist Maria Pia? Sie ist aus Neapel. Wie alt ist sie? Maria ist vor einem Monat dreißig Jahre alt geworden. Und welchen Beruf übt sie aus? Maria Pia ist Redakteurin. Was wollen Peter und Karin tun? Sie wollen Maria Pia einladen, einige Tage mit ihnen in Amalfi zu verbringen. Was antwortet Maria Pia? Sie sagt, es würde ihr Spaß machen, einige Tage in ihrer Gesellschaft zu verbringen. Sie muß nur sämtliche Arbeitstermine, die sie getroffen hat, absagen. Das ist kein großes Problem: mittels einiger Telefongespräche wird sie das Problem bewältigen können. Was ist schöner als einige Urlaubstage?

II.3. Grammatik

1. Satzstellung im Fragesatz

È un'amica di Karin Maria Pia? Maria Pia è un'amica di Karin?	Im Fragesatz kann das Prädikat vor dem Subjekt stehen, oder es wird die gleiche Stellung wie im Aussagesatz beibehalten.

2. Die Interrogativpronomen

chi? di chi? a chi? chi?	*wer?* *wessen?* *wem?* *wen?*	**chi** bezieht sich auf Personen und ist unveränderlich.
che (cosa)? di che (cosa)? a che (cosa)? che (cosa)?	*was?* *wovon?* *wozu?* *was?*	**che** bzw. **che cosa** bezieht sich auf Sachen. Che vor Substantiv entspricht der deutschen Wendung *was für ein?*
Singular		**quale** kann mit oder ohne Substantiv verwendet werden. Es fragt nach Personen oder Sachen aus einer bestimmten Anzahl.
quale? di quale? a quale? quale?	*welche(r, -s)?* *welches, welcher?* *welchem, welcher?* *welche(n, -s)?*	
Plural		
quali? di quali? a quali? quali?	*welche?* *welcher?* *welchen?* *welche?*	
qual **l**ibro vuoi? qual**e** **st**udio fai? qual**e** **z**io è?		Vor maskulinen Substantiven, die nicht mit **s + Konsonant** oder **z** beginnen, wird das Endungs **-e** weggelassen.

II.4. Übungen

Übersetzen Sie:

Wie alt ist Maria Pia? Aus welcher Stadt ist sie? Wessen Freundin ist sie? Ist Maria Pia dreißig Jahre alt? Welchen Beruf übt sie aus? Was macht sie? Was wollen Peter und Karin tun? Welches Buch liest du? Welches Restaurant bevorzugst du? Wen besucht Karin? Wem bringt Karin ein Geschenk? Wem stellt Karin Peter vor?

II.5. Wortschatz

compiere *k**o**mpiere*	vollenden
la professione	Beruf
la redattrice *la redattr**i**tsche*	Redakteurin
invitare	einladen
passare	verbringen
in compagnia *in kompanj**i**a*	in Gesellschaft
disdire *diṣdire*	absagen
il lavoro	Arbeit
grosso	groß, massiv
tramite *tr**a**mite*	mittels, durch
risolvere *ris**o**lwere*	lösen
la questione	Angelegenheit, Problem

Lezione 17 – Lektion 17

Ad Amalfi

In Amalfi

I.1. Andiamo alla spiaggia

Karin e Maria Pia si preparano per andare alla spiaggia.

(Karin: *K.*, Maria Pia: *M.P.*, bagnino: *B.*)

K. Presto Maria Pia, spicciati! Ho voglia di andare a prendere il sole. Prendi l'asciugamano, il bikini ed il giornale, butta tutto nella borsa da spiaggia e andiamo. Non dimenticare di portare anche gli occhiali da sole e la crema solare.

M.P. Scherzi? Io non ne ho bisogno. Tu piuttosto sei la nordica con la carnagione chiara. Proteggiti tu dai raggi del sole!

K. Smettila di prendermi in giro. Sei pronta finalmente? O preferisci andare alla spiaggia quando tramonta il sole?

M.P. Eccomi, eccomi – corriamo!

K. Seguimi! Conosco una baia, dove possiamo fare il bagno.

Il padrone dello chalet mi ha spiegato come ci si arriva. Mi ha detto che è una spiaggia incantevole, con sabbia fine e bianca. Il mare è limpido e pulito. Vieni, spicciamoci!

Alla spiaggia

B. Buon giorno signorine.

M.P. Buon giorno. Ci dia per favore due sedie sdraio e un ombrellone.

B. · Volentieri. Dove vuole che li mettiamo?

M.P. Pianti l'ombrellone lì, per piacere, vicino al mare, e metta le sdraio accanto.

B. Guardi che lì c'è molto vento. È meglio metterle un po' più indietro.

K. No, per me fa troppo caldo più indietro. Non sono abituata al sole del sud.

B. Eh, si vede che Lei non è di qui . . . così bionda . . . È tedesca o svedese?

K. Sono tedesca. E Lei è di Amalfi?

B. Sì, sono del posto. Prendano la chiave dello spogliatoio, dove possono cambiarsi e depositare le Loro cose. Non si dimentichino però di restituirla stasera!

M.P. Ci ricorderemo.

B. Più tardi verrò da Loro a fare una chiacchierata. Sono due signorine simpatiche. A più tardi.

K. Ciao.

I.2. Übersetzung

Wir gehen an den Strand

Karin und Maria Pia machen sich fertig, um an den Strand zu gehen.

(Karin: *K.,* Maria Pia: *M.P.,* Bademeister: *B.)*

K. – Schnell, Maria Pia, beeile dich! Ich habe Lust, mich in die Sonne zu legen. Nimm das Handtuch, den Bikini und die Zeitung, steck alles in die Strandtasche und laß uns gehen. Vergiß nicht, die Sonnenbrille und die Sonnencreme mitzunehmen.
M.P. – Soll dies ein Witz sein? Ich brauche sie nicht. Du bist viel-

mehr ein nordischer Typ mit heller Hautfarbe. Schütz du dich vor den Sonnenstrahlen! *K.* – Hör auf, mich auf den Arm zu nehmen. Bist du endlich fertig? Oder gehst du lieber an den Strand, wenn die Sonne untergeht? *M.P.* – Ich bin fertig. Gehen wir! *K.* – Folge mir! Ich kenne eine Bucht, in der wir baden können. Der Besitzer des Chalets hat mir erklärt, wie man hinkommt. Er hat mir gesagt, daß es ein bezaubernder Strand mit feinem, weißem Sand ist. Das Meer ist klar und sauber. Komm, beeilen wir uns!

Am Strand
B. – Guten Morgen, meine Damen. *M.P.* – Guten Morgen. Geben Sie uns bitte zwei Liegestühle und einen Sonnenschirm. *B.* – Gerne. Wohin soll ich sie stellen? *M.P.* – Stellen Sie den Sonnenschirm dorthin bitte, in die Nähe des Meeres, und stellen Sie die Liegestühle daneben. *B.* – Beachten Sie, daß es dort sehr windig ist. Es ist besser, sie ein bißchen zurückzustellen. *K.* – Nein, für mich ist es weiter hinten zu heiß. Ich bin die Sonne des Südens nicht gewohnt. *B.* – Ja, man sieht, daß Sie nicht von hier sind . . . so blond . . . Sind Sie Deutsche oder Schwedin? *K.* – Ich bin Deutsche. Und Sie, sind Sie aus Amalfi? *B.* – Ja, ich bin vom Ort. Nehmen Sie den Schlüssel der Umkleidekabine, in der Sie sich umziehen und Ihre Sachen aufbewahren können. Vergessen Sie aber nicht, ihn heute abend abzugeben! *M.P.* – Wir werden uns schon daran erinnern. *B.* – Später werde ich zum Plaudern zu Ihnen kommen. Sie sind zwei sympathische Mädchen. Bis später. *K.* – Tschau.

I.3. Grammatik

1. Der Imperativ der regelmäßigen Verben auf -are, -ere, -ire

port-are			mett-ere
(tu)	port-a	*bringe*	mett-i
(Lei)	port-i	*bringen Sie*	mett-a
(noi)	port-iamo	*bringen wir*	mett-iamo
(voi)	port-ate	*bringt*	mett-ete
(Loro)	port-ino	*bringen Sie (Anrede an mehrere Personen)*	mett-ano

segu-ire	prefer-ire
segu-i segu-a segu-iamo segu-ite segu-ano	prefer-isci prefer-isca prefer-iamo prefer-ite prefer-iscano

2. Verneinte Formen des Imperativs

(tu) non portare (Lei) non porti (noi) non portiamo (voi) non portate (Loro) non portino	Die Verneinung wird gebildet, indem non dem Imperativ vorangestellt wird. Achten Sie auf die **2. Person Singular: non + Infinitiv!**

3. Imperativ + Personalpronomen

portalo *bringe es* non portarlo *bringe es nicht* **(non) lo porti** *bringen Sie es (nicht)* (non) portiamolo *bringen wir es (nicht)* (non) portatelo *bringt es (nicht)* **(non) lo portino** *bringen Sie es (nicht)*	Die unbetonten Personalpronomen werden an den Imperativ angehängt. *Ausnahme:* 3. Person Singular und Plural. In diesen Fällen werden sie vorangestellt.

I.4. Übungen

1. Bilden Sie die Imperativformen:
Mi porti il libro? Ti metti quel vestito? Non vieni alla spiaggia? Venite con noi? Mi da una sedia sdraio? Corriamo alla spiaggia? Non andate al mare? Mi porta un ombrellone? Mi indica la strada? Andate via? Non mi segui? Portano gli occhiali, Loro? Signori, non comprano il pesce?

2. Setzen Sie statt des Substantivs das Personalpronomen ein:
Compra il libro! Non andare al mare! Portiamo la borsa da spiaggia! Porti la sdraio e l'ombrellone! Regala il libro a Maria! Non mettano la crema! Non invitino Peter!

3. Übersetzen Sie:
Wir gehen zum Strand. Nimm die Sonnenbrillen, das Handtuch, den Bikini und laß uns ans Meer gehen. Vergiß die Sonnencreme nicht! Karin hat eine helle Hautfarbe und muß sich vor den Sonnenstrahlen schützen. Der Strand ist sehr schön, mit weißem, feinem Sand. Das Meer ist klar und sauber. Der Bademeister bringt einen Sonnenschirm und zwei Liegestühle.

I.5. Wortschatz

la spiaggia *la spiaddscha*	Strand
prepararsi	sich vorbereiten
il bagnino *il banjino*	Bademeister
spicciarsi *spittschiarsi*	sich beeilen
l'asciugamano *m* *laschugamano*	Handtuch
il bikini	Bikini
la borsa da spiaggia *la borsa da spiaddscha*	Strandtasche
gli occhiali da sole	Sonnenbrille
la crema solare	Sonnencreme
scherzare	scherzen
nordico *nordiko*	nordisch
la carnagione *la karnadschone*	Hautfarbe
chiaro	hell
proteggere *proteddschere*	schützen
il raggio *il raddscho*	Strahl
smettere *ṣmettere*	aufhören
prendere in giro *prendere in dschiro*	auf den Arm nehmen
tramontare	untergehen
la baia *la baia*	Bucht
spiegare	erklären
incantevole *inkantewole*	bezaubernd
la sabbia *la sabbia*	Sand
fine	fein
limpido *limpido*	klar
pulito	sauber
la sedia sdraio *la sedia ṣdraio*	Liegestuhl
l'ombrellone *m*	Sonnenschirm
piantare	pflanzen, setzen
indietro	zurück, hinten
abituato	gewohnt
il sud	Süden
svedese *ṣwedese*	schwedisch
lo spogliatoio *lo spoljatoio*	Umkleidekabine
cambiarsi	sich umziehen
depositare	aufbewahren
restituire	zurückgeben
a più tardi *a piu tardi*	bis später

II.1. A lezione da Maria Pia

«Oggi vi insegnerò l'imperativo dei verbi irregolari. Karin, abbi un po' di pazienza, non prendertela, fra poco non avrai più nessuna difficoltà! Anche tu Peter, sii paziente! Dammi un po' di tempo; fammi trovare il sistema più semplice e logico! Va a prendere il libro degli esercizi, per favore! Sappiate che l'imperativo non è facile - dovete concentrarvi! Specialmente la forma di cortesia bisogna studiarla bene . . . signora Karin, mi dica quali sono i verbi irregolari e faccia alcune frasi! Stia attenta a non sbagliare! Ora vengano con me nel soggiorno e iniziamo lo studio!»

II.2. Übersetzung

Eine Lektion bei Maria Pia

„Heute werde ich euch den Imperativ der unregelmäßigen Verben lehren. Karin, habe ein bißchen Geduld, ärgere dich nicht, in kurzer Zeit wirst du keine Schwierigkeiten mehr haben! Auch du, Peter, sei geduldig! Gib mir etwas Zeit, laß mich das einfachste und logischste System finden. Hol bitte das Übungsbuch! Ihr müßt wissen, daß der Imperativ nicht leicht ist, ihr müßt euch konzentrieren! Vor allem die Höflichkeitsform muß man gut lernen . . . Karin, sagen Sie mir, welche die unregelmäßigen Verben sind und bilden Sie einige Sätze! Passen Sie auf, daß Sie keine Fehler machen! Kommen Sie jetzt mit mir in das Wohnzimmer, und beginnen wir das Studium!"

II.3. Grammatik

1. Der Imperativ einiger unregelmäßiger Verben

	avere	essere
(tu)	abbi	sii
(Lei)	abbia	sia
(noi)	abbiamo	siamo
(voi)	abbiate	siate
(Loro)	abbiano	siano

dire	sapere	dare	fare
di' dica diciamo dite dicano	sappi sappia sappiamo sappiate sappiano	da' dia diamo date diano	fa' faccia facciamo fate facciano
stare	**andare**	**volere**	**venire**
sta stia stiamo state stiano	va vada andiamo andate vadano	vogli voglia vogliamo vogliate vogliano	vieni venga veniamo venite vengano

2. Imperativ + Personalpronomen

dammi *gib mir* fallo *mache es* dimmi *sag(es)mir* vacci *geh dorthin* stacci *bleibe dort*	In der 2. Person Singular Imperativ von **andare, stare, dire, dare** und **fare** wird der Konsonant des angehängten Pronomens verdoppelt.

II.4. Übungen

Setzen Sie den Imperativ ein:

Karin (andare) a prendere il libro! Peter, (fare mi) un piacere! Peter e Karin, (avere) pazienza e (essere) concentrati! Signorina, (mi dare) quel libro e mi (fare) il conto! Signori, (venire) qui! Peter, (stare) ad Amalfi! Karin, (andare a Napoli)! Ragazzi, (essere) bravi! Signora, (andare) a casa!

II.5. Wortschatz

l'imperativo *m*	Imperativ	la difficoltà *la diffikolt**a***	Schwierigkeit
il verbo	Verb	sii	sei! *(Imperativ)*
irregolare	unregelmäßig	paziente	geduldig
abbi	habe! *(Imperativ)*	dammi	gib mir! *(Imperativ)*
prendersela *prendersela*	sich ärgern		

17

fammi	mach mir! *(Imperativ)*	concentrarsi *kontschentrarsi*	sich konzentrieren
il sistema	System	specialmente *spetschalmente*	hauptsächlich
semplice *semplitsche*	einfach	la cortesia *la korteṣia*	Höflichkeit
logico *lodschiko*	logisch	la frase	Satz
l'esercizio *m* *leṣertschizio*	Übung	sbagliare *ṣbaljare*	falsch machen

Lezione 18 – Lektion 18

Il mondo del lavoro

Die Arbeitswelt

I.1. La professione di Maria Pia

Tanto tempo è passato, da quando Maria Pia e Karin erano insieme. Per questo hanno molte cose da dirsi.

(Karin: *K.*, Maria Pia: *M.P.)*

K. Raccontami un po' che è successo durante gli ultimi anni!

M.P. Appena tornata a Napoli ho trovato un posto in una scuola come insegnante di lingue straniere. Insegnavo venti ore alla settimana e avevo tre classi di studenti. Mi trovavo molto bene con i giovani. Studiavano volentieri, erano diligenti e apprendevano abbastanza velocemente ciò che spiegavo loro. Venivano regolarmente alle lezioni e mi davano molta soddisfazione.

K. E come mai allora, dopo due anni di insegnamento hai lasciato la scuola?

M.P. Soprattutto per ragioni economiche. Una casa editrice mi ha offerto un posto qualificato con possibilità di fare carriera. All'inizio avevo difficoltà con il ritmo stressante della nuova professione, però il lavoro mi interessava e mi piaceva. Dovevo leggere manoscritti, sceglievo quelli migliori per la pubblicazione e facevo il programma letterario. Avevo molta responsabilità.

K. Dovevi anche tradurre libri?

M.P. Ogni tanto traducevo qualche libro dal tedesco in italiano. Però ciò non mi piaceva molto, perchè era un lavoro impegnativo, che richiedeva molto tempo.

K. Sicuramente era un lavoro interessante. Perchè non l'hai continuato?

M.P. Perchè mi sono messa a scrivere romanzi e non avevo più tempo per la mia professione. Però sono contenta di aver fatto questa scelta.

I.2. Übersetzung

Der Beruf Maria Pias

Viel Zeit ist vergangen, seit Maria Pia und Karin zusammen waren. Deshalb haben sie sich viel zu sagen.

(Karin: *K.*, Maria Pia: *M.P.)*

K. – Erzähl mir ein bißchen, was während der letzten Jahre geschehen ist. *M.P.* – Sobald ich nach Neapel zurückgekehrt war, habe ich eine Stelle in einer Schule als Lehrerin für Fremdsprachen gefunden. Ich unterrichtete zwanzig Stunden in der Woche und hatte drei Klassen. Ich fühlte mich sehr wohl mit den Jugendlichen. Sie lernten gerne, waren fleißig und faßten das, was ich ihnen erklärte, ziemlich schnell auf. Sie kamen regelmäßig zu den Unterrichtsstunden und machten mir viel Freude. *K.* – Und warum hast du dann nach zwei Jahren Unterricht die Schule verlassen? *M.P.* – Vorwiegend aus finanziellen Gründen. Ein Verlag hat mir eine hochrangige Stelle mit Aufstiegsmöglichkeiten angeboten. Am Anfang hatte ich Schwierigkeiten mit dem streßvollen Rhythmus des neuen Berufs, aber die Arbeit interessierte mich und gefiel mir. Ich hatte Manuskripte zu lesen, ich wählte die besten zur Veröffentlichung aus und machte das literarische Programm. Ich hatte viel Verantwortung. *K.* – Mußtest du auch Bücher übersetzen? *M.P.* – Ab und zu übersetzte ich ein Buch vom Deutschen ins Italienische. Aber das machte mir nicht viel Spaß, weil es eine anstrengende Arbeit war, die viel Zeit in Anspruch nahm. *K.* – Sicher war es eine sehr interessante Arbeit. Warum hast du sie nicht fortgesetzt? *M.P.* – Weil ich anfing, Romane zu schreiben und für meinen Beruf keine Zeit mehr hatte. Aber ich bin froh, daß ich diese Wahl getroffen habe.

I.3. Grammatik

1. Das Imperfekt der Hilfsverben

essere		avere	
ero	*ich war*	avevo	*ich hatte*
eri		avevi	
era		aveva	
eravamo		avevamo	
eravate		avevate	
erano		avevano	

Bei der dritten Person Plural liegt die **Betonung** stets auf der **dritt**letzten Silbe: erano, av**e**vano, trov**a**vano usw.

2. Das Imperfekt der regelmäßigen Verben auf -are, -ere, -ire

trov-are	mett-ere	offr-ire
trov-avo	mett-evo	offr-ivo
trov-avi	mett-evi	offr-ivi
trov-ava	mett-eva	offr-iva
trov-avamo	mett-evamo	offr-ivamo
trov-avate	mett-evate	offr-ivate
trov-**a**vano	mett-**e**vano	offr-**i**vano

3. Das Imperfekt der unregelmäßigen Verben dire, fare, bere

dire	fare	bere
dicevo dicevi diceva dicevamo dicevate dicevano	facevo facevi faceva facevamo facevate facevano	bevevo bevevi beveva bevevamo bevevate bevevano

I.4. Übungen

1. Setzen Sie die folgenden Sätze in das Imperfekt:
Maria Pia va ogni giorno a scuola. Ha tre classi di allievi. Insegna lingue straniere. Gli studenti sono diligenti, hanno molto interesse e seguono le lezioni regolarmente. Apprendono facilmente ciò che Maria Pia spiega. Per questo le danno molta soddisfazione. Fanno volentieri i compiti e stanno molto attenti durante le lezioni. Quando Maria Pia esce dalla scuola va al bar e beve un caffè. Dice di essere stanca.

2. Übersetzen Sie:
Maria Pia erzählt Karin, was in den letzten Jahren geschehen ist. Sie haben sich viel zu sagen. Maria Pia hat in einer Schule als Lehrerin für Fremdsprachen unterrichtet. Die Studenten waren fleißig und interessiert. Sie kamen regelmäßig zu ihren Unterrichtsstunden und lernten rasch. Dann arbeitete Maria Pia in einem Verlag. Sie las Manuskripte und machte das literarische Programm. Ab und zu übersetzte sie ein Buch vom Deutschen ins Italienische. Das machte ihr weniger Spaß, weil es sehr anstrengend war. Jetzt arbeitet sie nicht mehr im Verlag, sondern schreibt Romane.

I.5. Wortschatz

per questo	deshalb	raccontare	erzählen
avere da dirsi qualcosa	sich etwas zu sagen haben	tornare	zurückkehren
		la scuola	Schule

l'insegnante *m, f*	Lehrer, Lehrerin
la lingua *la l**i**ngua*	Sprache
straniero	fremd, ausländisch
lo studente	Student
il giovane *il dsch**o**wane*	Jugendlicher
diligente *dilidsch**e**nte*	fleißig
apprendere *appr**e**ndere*	lernen, auffassen
regolarmente	regelmäßig
la soddisfazione	Befriedigung
dare soddisfazione	Freude bereiten
come mai	warum
l'insegnamento *m linsenjam**e**nto*	das Lehren
soprattutto	hauptsächlich
la ragione *la radsch**o**ne*	Grund, Recht
economico *ekon**o**miko*	ökonomisch
la casa editrice *la k**a**sa editr**i**tsche*	Verlag
qualificato	qualifiziert, hochrangig

la possibilità *la possibilit**a***	Möglichkeit
la carriera	Karriere
l'inizio *m* *lin**i**zio*	Anfang
il ritmo	Rhythmus
stressante	streßreich
interessare	interessieren
il manoscritto	Manuskript
la pubblicazione	Veröffentlichung
il programma	Programm
letterario *letter**a**rio*	literarisch
la responsabilità *la responsabilit**a***	Verantwortung
tradurre	übersetzen
ogni tanto *onji t**a**nto*	ab und zu
impegnativo *impenjat**i**wo*	anspruchsvoll
richiedere *riki**e**dere*	verlangen
mettersi a fare una cosa *m**e**ttersi . . .*	eine Sache beginnen
il romanzo *il rom**a**nẓo*	Roman

II.1. La professione di Peter

Peter ha studiato medicina all'università di Berlino. Dopo lo studio ha praticato in un ospedale e si è specializzato in pediatria. Tutte le mattine andava in ospedale, si informava presso le infermiere sullo stato degli ammalati. Poi visitava i bambini, scherzava con loro e prescriveva le medicine che dovevano prendere per guarire il più presto possibile. Tutti i bambini gli volevano bene, perchè era molto gentile e paziente. A Peter piaceva il suo lavoro perchè era affezionato ai bambini. Ora Peter ha un proprio ambulatorio nel centro di Monaco.

II.2. Übersetzung

Der Beruf Peters

Peter hat an der Universität Berlin Medizin studiert. Nach dem Studium praktizierte er in einem Krankenhaus und spezialisierte sich auf Kinderheilkunde. Jeden Morgen ging er ins Krankenhaus, informierte sich bei den Krankenschwestern über den Zustand der Kranken. Dann untersuchte er die Kinder, scherzte mit ihnen und verschrieb die Medikamente, die sie einnehmen mußten, um so bald wie möglich wieder gesund zu werden. Alle Kinder mochten ihn, weil er sehr freundlich und geduldig war. Peter machte seine Arbeit Spaß, denn er hatte die Kinder gern. Jetzt hat Peter eine eigene Praxis im Zentrum von München.

II.3. Grammatik

Zum Gebrauch des Imperfekts

Ogni mattina andava . . . visitava i bambini . . . prescriveva le medicine . . . scherzava con loro . . .	Das Imperfekt bezeichnet die Dauer einer Handlung sowie wiederholte, zur Gewohnheit gewordene Zustände.

II.4. Übungen

Übersetzen Sie:

Peter hat an der Universität Berlin studiert. Dann praktizierte er in einem Krankenhaus. Er hat sich auf Kinderheilkunde spezialisiert. Er untersuchte die kranken Kinder und verschrieb ihnen Medikamente. Alle mochten ihn sehr gerne, weil er sehr geduldig und freundlich war. Peter hat nun in München eine eigene Praxis.

II.5. Wortschatz

la medicina *la meditsch**i**na*	Medizin, Medikament
l'università *f* *luniwersit**a***	Universität
Berlino	Berlin
praticare	praktizieren
l'ospedale *m*	Krankenhaus
specializzarsi *spetschalizz**a**rsi*	sich spezialisieren
la pediatria	Kinderheilkunde
informarsi	sich informieren
presso	bei
l'infermiera *f*	Krankenschwester
lo stato	Zustand, Status, Staat
l'ammalato *m*	Kranker
il bambino	Kind
prescrivere *preskr**i**were*	verschreiben, vorschreiben
guarire	heilen, genesen
il più presto possibile *il pi**u** presto poss**i**bile*	so bald wie möglich
volere bene	gern haben
affezionato	zugetan
l'ambulatorio *m* *lambulat**o**rio*	Praxis

Lezione 19 – Lektion 19

A Napoli

In Neapel

I.1. Acquisti

Peter e Karin fanno una gita giornaliera a Napoli per fare degli acquisti. Maria Pia gli ha consigliato di andare ai grandi magazzini «La Standa».

(Peter: *P.*, commessa: *C.*)

P. Buon giorno signorina. Cerco un bel paio di jeans e una maglietta o una camicia da abbinare.

C. Mi segua! Le farò vedere alcuni tipi e modelli di pantaloni che vanno di moda da noi.

P. Benissimo, mi fido della moda italiana, perchè è più moderna e pratica di quella tedesca. Si sa che gli italiani hanno buon gusto.

C. Ecco, questi sono dei blue jeans molto resistenti, con un buon taglio. Invece questi pantaloni di velluto nero sono eleganti. Sono strettissimi in fondo. Inoltre sono caldissimi.
P. Preferisco i jeans, anche se sono meno eleganti degli altri pantaloni, perchè sono più pratici e comodi per le vacanze.
C. Sono degli ottimi jeans, rimarrà molto contento. È il più bel modello che abbiamo.
P. Va bene. Ora vorrei una bella camicia da portare con i jeans.
C. Provi queste due. Le staranno sicuramente a pennello.
P. Devo dire che l'una mi piace quanto l'altra.
C. Le stanno benissimo tutte e due. La camicia blu costa come quella bianca. È una scelta difficile.
P. Ho trovato la soluzione. Le compro tutte e due.
C. Ora Le occorrono ancora soltanto un bel paio di scarpe sportive. Ne abbiamo di bellissime, di un cuoio molto morbido.
P. Ha ragione. Dove posso trovarle?
C. L'accompagno io nel reparto calzature. Vedrà che La serviranno nel migliore dei modi.
P. La ringrazio signorina, Lei è veramente molto gentile.

I.2. Übersetzung

Einkäufe

Peter und Karin unternehmen einen Tagesausflug nach Neapel, um Einkäufe zu machen. Maria Pia hat ihnen geraten, ins Kaufhaus „La Standa" zu gehen.

(Peter: *P.*, Verkäuferin: *C.*)
P. – Guten Tag, Fräulein. Ich suche ein schönes Paar Jeans und ein dazupassendes T-Shirt oder Hemd. *C.* – Folgen Sie mir. Ich werde Ihnen einige Hosenarten und -modelle zeigen, die bei uns in Mode sind. *P.* – Sehr gut, ich verlasse mich auf die italienische Mode, weil sie moderner und praktischer ist als die deutsche. Es ist bekannt, daß die Italiener einen guten Geschmack haben. *C.* – Diese Blue jeans sind sehr strapazierfähig und haben einen guten Schnitt. Dagegen sind diese schwarzen Samthosen elegant. Sie

sind unten sehr eng. Außerdem sind sie sehr warm. *P.* – Ich nehme lieber die Jeans, obwohl sie weniger elegant sind als die anderen Hosen, denn sie sind praktischer und bequemer für den Urlaub. *C.* – Es sind hervorragende Jeans, Sie werden sehr zufrieden sein. Es ist das schönste Modell, das wir haben. *P.* – Sehr gut. Jetzt möchte ich ein schönes Hemd, das ich zu den Jeans tragen kann. *C.* – Probieren Sie diese beiden. Sie werden Ihnen bestimmt wie angegossen sitzen. *P.* – Ich muß gestehen: das eine gefällt mir so gut wie das andere. *C.* – Beide stehen Ihnen ausgezeichnet. Das blaue Hemd kostet genausoviel wie das weiße. Die Wahl ist schwierig. *P.* – Ich habe die Lösung gefunden! Ich kaufe sie beide. *C.* – Jetzt brauchen Sie nur noch schöne sportliche Schuhe. Wir haben wunderschöne aus sehr weichem Leder. *P.* – Sie haben recht. Wo kann ich sie finden? *C.* – Ich begleite Sie in die Schuhwarenabteilung. Sie werden sehen, daß sie bestens bedient werden. *P.* – Ich danke Ihnen, Sie sind wirklich sehr freundlich.

I.3. Grammatik

1. Steigerung der Adjektive

<table>
<tr><td>Positiv</td><td>Komparativ</td><td>relativer
Superlativ</td><td>absoluter
Superlativ</td></tr>
<tr><td>bello
schön</td><td>più bello
schöner</td><td>il più bello

der schönste</td><td>bellissimo
molto bello
sehr schön</td></tr>
<tr><td colspan="2">La camicia è bellissima
La camicia è elegantissima
Le camicie sono bellissime
I pantaloni sono elegantissimi</td><td colspan="2">Der absolute Superlativ wird durch Anhängen der Endung -issimo/-a/-i/-e an den Stamm gebildet.</td></tr>
<tr><td colspan="2">antico – antichissimo
largo – larghissimo
breit</td><td colspan="2">Geht der Stamm auf c oder g aus, so ist ein h einzuschieben.</td></tr>
<tr><td colspan="2">bello
meno bello weniger schön
il meno bello der weniger schöne</td><td colspan="2">Die negative Steigerung wird durch das unveränderliche meno gebildet.</td></tr>
</table>

2. Unregelmäßige Steigerung bestimmter Adjektive

Positiv	Komparativ	
buono *gut*	migliore *besser*	Diese Adjektive haben neben der regelmäßigen Steigerung auch eine unregelmäßige. Die Bedeutung der Adjektive ändert sich dabei.
cattivo *schlecht*	peggiore *schlechter*	
piccolo *klein*	minore *kleiner*	
grande *groß*	maggiore *größer*	
alto *hoch*	superiore *höher*	
basso *niedrig*	inferiore *niedriger*	

relativer Superlativ	absoluter Superlativ
il migliore	ottimo
il peggiore	pessimo
il minore	minimo
il maggiore	massimo
il supremo	sommo
l'inferiore	infimo

I.4. Übungen

1. Ersetzen Sie die Formen mit molto durch eine Form des absoluten Superlativs:
molto bello, molto elegante, molto interessante, molto facile, molto difficile, molto cari, molto antiche.

2. Ersetzen Sie die regelmäßige Steigerung durch die unregelmäßige:
più buono, il più cattivo, piccolissimo, il più alto, più basso.

3. Übersetzen Sie:
Die Jeans sind sehr praktisch und bequem im Urlaub. Die schwarze Samthose ist eleganter als die Jeans. Die italienische Mode ist moderner als die deutsche. Die Hemden sitzen Peter

19

wie angegossen. Das weiße Hemd steht ihm genauso gut wie das blaue. Die Wahl ist sehr schwierig. Peter beschließt, beide Hemden zu kaufen. Das eine kostet genauso viel wie das andere.

I.5. Wortschatz

l'acquisto *m*	Kauf
giornaliero	täglich
la gita giornaliera	Tagesausflug
i grandi magazzini *i grandi magazzini*	Kaufhaus
la commessa	Verkäuferin
la signorina *la sinjorina*	Fräulein
il paio *il paio*	Paar
i jeans *i dschins*	Jeans
la maglietta *la maljetta*	T-Shirt
la camicia *la kamitscha*	Hemd
abbinare	dazupassen
il tipo	Typ
il modello	Modell
i pantaloni	Hosen
la moda	Mode
fidarsi	vertrauen, sich verlassen
moderno	modern
di	als
il gusto	Geschmack
resistente	strapazierfähig
il velluto	Samt
nero	schwarz
in fondo	unten
stare a pennello	wie angegossen sitzen
(tanto)... quanto	so ... wie
tutte e due	alle beide
blu	blau
(così) ... come *(kosi)*	so ... wie
la soluzione	Lösung
soltanto	nur
la scarpa	Schuh
sportivo	sportlich
il cuoio *il kuoio*	Leder
morbido *morbido*	weich
il reparto	Abteilung
le calzature	Schuhwaren
il migliore *il miljore*	der beste
ringraziare	danken

II.1. Napoli

Napoli è una città interessantissima. È la città più grande di tutte le altre della Campania, la regione intorno a Napoli. Non è così antica e celebre come Roma, però è più orientale e misteriosa di Roma. I vicoli stretti con la biancheria appesa da una finestra all'altra sono più pittoreschi che ordinati e puliti. Certo, bisogna dire che Napoli è più caotica di altre città italiane per ciò che riguarda il traffico. Si deve guidare più sfacciatamente che prudentemente. Napoli è anche più chiassosa e imprevedibile di altre città, però ha un fascino particolare. In poche parole: Napoli è una vera città del sud.

II.2. Übersetzung

Neapel

Neapel ist eine sehr interessante Stadt. Sie ist die größte Stadt in Kampanien, der Region rund um Neapel. Sie ist nicht so alt und berühmt wie Rom, aber dafür orientalischer und geheimnisvoller als Rom. Die engen Gassen, in denen die Wäsche von einem Fenster zum gegenüberliegenden Fenster hängt, sind eher malerisch als ordentlich und sauber. Sicher, man muß auch sagen, daß Neapel, was den Verkehr betrifft, chaotischer ist als andere italienische Städte. Man muß eher frech als vorsichtig fahren. Neapel ist auch lauter und unberechenbarer als andere Städte, aber es hat eine besondere Ausstrahlung. Kurz: Neapel ist eine wahre Stadt des Südens.

II.3. Grammatik

Der Vergleich

1. Roma è più celebre di Napoli	**Als** beim Vergleich wird ausgedrückt durch: **1. di,** wenn 2 Substantive in bezug auf ein Adjektiv miteinander verglichen werden.
2. I vicoli sono più stretti che belli. più uomini che donne. più facile dire che fare. più sfacciatamente che prudentemente.	**2. che,** wenn 2 Adjektive, 2 Substantive, 2 Adverbien oder 2 Verben miteinander verglichen werden.
tanto bella . . . quanto così bella . . . come *oder* bella . . . come bella . . . quanto	Bei Gleichheit derselben Eigenschaft. **Così** bzw. **tanto** können entfallen.

II.4. Übungen

1. Bilden Sie ähnliche Vergleiche wie:
vicolo (pittoresco)
Questo vicolo è più pittoresco di quello
città (celebre); traffico (caotico); museo (antico); spiaggia (bella); macchina (veloce).

*2. Setzen Sie die kursivgedruckten Wörter in den Komparativ und setzen Sie **di** oder **che** ein:*
Roma è *antica e celebre* . . . Napoli. I vicoli sono *pittoreschi* . . . puliti. È *facile* dire una cosa . . . farla. Sie deve guidare *velocemente* . . . prudentemente. Questo museo è *celebre* . . . quello. Questi jeans sono *sportivi* . . . quelli. La camicia è *pratica* . . . elegante.

II.5. Wortschatz

la Campania *la kamp**a**nia*	Kampanien
la regione *la redsch**o**ne*	Region
celebre *tsch**e**lebre*	berühmt
orientale	orientalisch
misterioso	geheimnisvoll
il vicolo *il w**i**kolo*	Gasse
la biancheria	Wäsche
appesa (appendere) *(app**e**ndere)*	aufgehängt (aufhängen)
la finestra	Fenster
ordinato	ordentlich
riguardare	betreffen, angehen
sfacciato *sfattsch**a**to*	frech
prudente	vorsichtig
chiassoso	laut
imprevedibile *imprewed**i**bile*	unvorhersehbar
il fascino *il f**a**schino*	Ausstrahlung, Charme
la parola	Wort

Lezione 20 – Lektion 20

Il tempo libero

Die Freizeit

I.1. Andiamo a teatro

Le serate si possono trascorrere in vari modi: andando al cinema o in un ristorante, ballando, leggendo oppure guardando la televisione. Peter e Karin decidono di andare a teatro.

(Peter: *P.*, Karin: *K.)*

P. Ho consultato il giornale per vedere cosa offre la vita culturale di Amalfi questa sera e posso farti alcune proposte.

K. Benissimo, sentiamo!

P. Allora, innanzitutto: al teatro Odeon danno la prima di una commedia di Edoardo de Filippo in dialetto napoletano, rappresentata da una celebre compagnia teatrale. Scrivono che gli attori sono eccezionali nelle loro parti.

K. Sarà uno spettacolo molto interessante. Anche se non capiremo la maggior parte delle parole, vedremo una mimica sicuramente unica.

P. Aspetta, non è tutto! Al teatro Romano danno un pezzo di Luigi Pirandello. La compagnia teatrale però non è molto conosciuta.

K. Tante volte però queste piccole compagnie teatrali, che si stanno introducendo nel mondo dello spettacolo sono migliori delle altre.

P. Continuando le mie ricerche ho scoperto che in un locale notturno c'è uno spettacolo di varietà. Si può andare anche lì.

K. Mi metti nell'imbarazzo della scelta. Riflettendoci però un attimo, ti saprò dire ciò che preferisco. Ecco, andiamo a vedere la commedia di de Filippo. Parlando con Maria Pia ho saputo che è lo scrittore più importante di Napoli.

P. Per me va bene. Allora prenoto due posti in galleria, o preferisci in platea?

K. Non conoscendo il teatro è difficile scegliere.

P. Prendiamoli in galleria. Avendo il binocolo potremo vedere bene in ogni caso.

I.2. Übersetzung

Wir gehen ins Theater

Man kann die Abende auf verschiedene Weise verbringen: indem man ins Kino oder in ein Restaurant geht, tanzt, liest oder fernsieht. Peter und Karin beschließen, ins Theater zu gehen.

(Peter: *P.*, Karin: *K.)*

P. – Ich habe die Zeitung zu Rate gezogen, um zu sehen, was das kulturelle Leben von Amalfi heute zu bieten hat und kann dir einige Vorschläge machen. *K.* – Sehr gut, laß mal hören! *P.* – Also erstens: Im Odeontheater findet die Premiere einer Komödie von Edoardo de Filippo statt; sie wird von einer Theatergruppe im neapolitanischen Dialekt aufgeführt. Sie schreiben, daß die Schauspieler ihre Rollen einmalig spielen. *K.* – Es wird eine sehr interessante Vorstellung sein. Auch wenn wir die Worte großenteils nicht verstehen werden, so werden wir sicherlich eine einzigartige Mimik erleben. *P.* – Warte, es ist noch nicht alles! Im

Römischen Theater wird ein Stück von Luigi Pirandello gegeben. Die Theatergruppe ist jedoch nicht sehr bekannt. *K.* - Oft aber sind diese kleinen Theatergruppen, die sich gerade in der Theaterwelt etablieren, besser als andere. *P.* - Auf meiner weiteren Suche habe ich entdeckt, daß in einem Nachtlokal eine Varietévorstellung stattfindet. Wir können auch dorthin gehen. *K.* - Ich habe die Qual der Wahl! Wenn ich es mir aber kurz überlege, kann ich dir sagen, was ich bevorzuge. Ich hab's, schauen wir uns die Komödie von de Filippo an. In einem Gespräch mit Maria Pia habe ich erfahren, daß er der wichtigste Schriftsteller Neapels ist. *P.* - Für mich ist es gut. Dann bestelle ich zwei Karten für Rangplätze, oder ziehst du Parkettplätze vor? *K.* - Wenn man das Theater nicht kennt, ist es schwierig zu wählen. *P.* - Nehmen wir Rangplätze. Wenn wir das Opernglas dabei haben, können wir auf jeden Fall gut sehen.

I.3. Grammatik

1. Das Gerundium

and-are – and-ando legg-ere – legg-endo segu-ire – segu-endo *aber:* dire *(lat.* dicere) – dicendo	Das Gerundium vertritt die Stelle eines deutschen Nebensatzes (indem, als, während, wenn, da) oder eines beigeordneten Satzes, sofern beide Sätze dasselbe Subjekt haben. Es bringt die einge Zusammengehörigkeit und Gleichzeitigkeit der beiden Handlungen zum Ausdruck.
fare *(lat.* facere) – facendo	
essere – essendo	avere – avendo
Peter sta leggendo Karin sta comprando I signori stanno leggendo Le signore stanno leggendo	In Verbindung mit **stare** bezeichnet das Gerundium eine Handlung, die sich gerade vollzieht.
andandoci (a Napoli) prenotandoli (i biglietti) *aber:* salutando loro	Die unbetonten Pronomen werden an das Gerundium angehängt. Ausnahme: loro

2. Gebrauch der Präposition da

vengo dall'Italia vengo dallo zio	Räumlich: auf die Frage **woher?**
da sei anni da bambino *als Kind*	Zeitlich: in der Bedeutung **seit** in der Bedeutung **als**
una signora dai capelli neri	Bezeichnung einer Eigenschaft
dalla fame	Bezeichnung der Ursache
la macchina da scrivere	Bezeichnung des Zweckes
avere molto da fare	Bezeichnung der Notwendigkeit in Verbindung mit avere.

I.4. Übungen

1. Verbinden Sie jeweils die beiden Sätze, indem die kursivgedruckte Verbform in das Gerundium zu setzen ist:
Passiamo la serata. *Leggiamo* un libro. - Trascorre alcune ore. *Guarda* la televisione. - Decide il programma della serata. *Consulta* il giornale. - Il tempo passa velocemente. *Parliamo* di molte cose. - Ho visto Maria Pia. *Andava* a casa. - Risolviamo il problema. *Ci fidiamo* di lui. - Mi scuso. *Ti porto* dei fiori.

2. Drücken Sie durch stare den Vollzug einer Handlung aus:
Maria Pia legge, mentre Peter dorme. Karin scrive una lettera a sua madre. Peter porta un regalo a Maria Pia. Andiamo al cinema, mentre voi andate a teatro.

3. Übersetzen Sie:
Peter und Karin wollen den Abend verbringen, indem sie ins Theater gehen. Andere verbringen ihn tanzend oder lesend. Im Odeontheater findet die Vorstellung einer berühmten Theatergruppe statt. Im Römischen Theater spielen sie ein Stück von Pirandello. Peter bestellt zwei Karten für Rangplätze. Sie werden auf jeden Fall das Opernglas mitnehmen.

I.5. Wortschatz

il teatro	Theater
vario *wario*	verschieden
il cinema *il tschinema*	Kino
ballare	tanzen
la televisione	Fernsehen
consultare	zu Rate ziehen
la vita	Leben
culturale	kulturell
la proposta	Vorschlag
innanzitutto	erstens
la prima	Premiere
la commedia *la kommedia*	Komödie
il dialetto	Dialekt
napoletano	neapolitanisch
rappresentare	vorstellen, aufführen
la compagnia teatrale *. . . kompanjia*	Theatergruppe
l'attore *m*	Schauspieler
eccezionale *ettschezionale*	außergewöhnlich, einmalig
la parte	Rolle, Seite, Teil
la mimica *la mimika*	Mimik
il pezzo	Stück
conosciuto *konoschuto*	bekannt
scoprire *skoprire*	entdecken
il locale notturno	Nachtlokal
spettacolo di varietà *spettakolo di warieta*	Varietévorstellung
l'imbarazzo *m*	Verlegenheit
l'imbarazzo della scelta *limbarazzo della schelta*	Qual der Wahl
lo scrittore	Schriftsteller
importante	wichtig
la galleria	Rang, Galerie
la platea	Parkett
il binocolo *il binokolo*	Opernglas, Feldstecher
il caso *il kaso*	Fall, Zufall

II.1. Lo sport

Parlando in generale, si può dire che gli italiani non praticano molte discipline sportive. Lo sport più in voga è il nuoto. Gli italiani nuotano più volentieri nel mare che in piscina. I giovani giocano più frequentemente a tennis. Il tennis si sta divulgando molto rapidamente e intensamente. Alcuni italiani che se lo possono permettere praticano l'equitazione. Cavalcare piace molto ai bambini. Da alcuni anni, gli italiani del nord vanno più spesso a sciare. Però l'italiano medio preferisce fare il tifo per una squadra di calcio che praticare lo sport.

II.2. Übersetzung

Der Sport

Allgemein kann man sagen, daß die Italiener nicht viele Sportarten betreiben. Der beliebteste Sport ist das Schwimmen. Die Italiener schwimmen lieber im Meer als im Schwimmbad. Die Jugendlichen spielen häufiger Tennis. Das Tennisspiel breitet sich sehr rasch und intensiv aus. Einige Italiener, die es sich leisten können, betreiben den Reitsport. Reiten macht den Kindern großen Spaß. Seit einigen Jahren gehen die Norditaliener häufiger zum Skifahren. Der Durchschnittsitaliener zieht es aber vor, für eine Fußballmannschaft zu schwärmen, als selbst Sport zu betreiben.

II.3. Grammatik

1. Steigerung der Adverbien

rapidamente *schnell*	più rapidamente *schneller*	molto rapidamente rapidissimamente *sehr schnell*

2. Unregelmäßige Steigerung bestimmter Adverbien

bene *gut*	meglio *besser*	ottimamente – benissimo *ausgezeichnet – sehr gut*
male *schlecht*	peggio *schlechter*	pessimamente – malissimo *sehr schlecht*
molto *viel*	più *mehr*	moltissimo *sehr viel*
poco *wenig*	meno *weniger*	pochissimo *sehr wenig*

II.4. Übungen

Übersetzen Sie:

Die Jugendlichen betreiben mehr Sport. Sie schwimmen lieber im Meer als im Schwimmbad. Seit einigen Jahren breitet sich das

Tennisspiel sehr rasch und intensiv aus. Viele können sehr gut spielen. Die Kinder reiten gern. Die Norditaliener gehen häufiger Ski fahren.

II.5. Wortschatz

lo sport	Sport
in generale *in dschenerale*	allgemein
la disciplina *la dischiplina*	Disziplin
in voga	in Mode
il nuoto	Schwimmen
nuotare	schwimmen
la piscina *la pischina*	Schwimmbad
giocare *dschokare*	spielen
frequente	häufig
il tennis	Tennis
giocare a tennis	Tennis spielen
divulgare	ausbreiten
rapido *rapido*	schnell
intenso	intensiv
potersi permettere *. . . permettere*	sich leisten können
l'equitazione *f*	Reitsport
cavalcare	reiten
il nord	Norden
sciare *schiare*	Ski fahren
l'italiano *m* medio *litaliano medio*	Durchschnittsitaliener
fare il tifo	schwärmen
la squadra	Mannschaft
il calcio *il kaltscho*	Fußtritt
la squadra di calcio	Fußballmannschaft

Lezione 21 – Lektion 21

Peter è ammalato

Peter ist krank

I.1. Una visita medica

Dato che Peter non si sente bene va da un medico, che gli è stato consigliato da una vicina.

(Peter: *P.*, dottore: *D.)*

P. Buon giorno dottore.

D. Buon giorno. Come mai viene da me?

P. Una signora, la quale abita vicino a me, mi ha detto di venire da Lei, perchè mi sento male.

D. Che sintomi ha?

P. Mi sono svegliato con un forte mal di testa. Mi sono misurato la febbre e il termometro segnava 38,5 gradi.

D. E con lo stomaco come va?

P. Ho un senso di nausea che mi impedisce di mangiare.

D. E la gola, Le fa male?

P. Sì, ho mal di gola ed il naso chiuso.

D. Permette che La visiti brevemente? Apra la bocca . . . eh, sì, la gola è infiammata e un po' anche le tonsille. Tossisca, per favore! I polmoni sono in ordine.

P. Ne sono contento.

D. Lei ha soltanto una leggera influenza che passerà in fretta. Ora Le prescrivo alcune pastiglie, con le quali passerà l'infiammazione ed alcune gocce, che Le faranno passare il senso di nausea.

P. Quante volte al giorno le dovrò prendere?

D. Prenda tre pastiglie al giorno dopo i pasti e due volte al giorno venti gocce.

P. Devo fare una dieta?

D. Mangi cose leggere, che siano digeribili facilmente e prenda qualche pastiglia di vitamina C, che La aiuterà a combattere la malattia e che rafforza gli anticorpi, i quali ci proteggono dalle malattie. Vedrà che fra poco tutti i sintomi, di cui ora si lamenta, passeranno.

P. Speriamo, dottore! La ringrazio.

D. ArrivederLa e porti i miei saluti alla signora di cui mi ha parlato.

I.2. Übersetzung

Eine ärztliche Untersuchung

Da sich Peter nicht wohl fühlt, geht er zu einem Arzt, der ihm von einer Nachbarin empfohlen worden ist.

(Peter: *P.*, Arzt: *D.)*

P. – Guten Tag, Herr Doktor. *D.* – Guten Tag. Warum kommen Sie zu mir? *P.* – Eine Dame, die in der Nähe von mir wohnt, hat mir empfohlen, zu Ihnen zu kommen, da ich mich nicht wohl fühle. *D.* – Was für Symptome haben Sie? *P.* – Ich bin mit starken Kopfschmerzen aufgewacht. Ich habe Fieber gemessen, und das Thermometer zeigte 38,5 Grad an. *D.* – Und was ist mit dem Magen? *P.* – Ich habe Übelkeitsgefühle, weshalb ich nicht essen kann. *D.* – Und der Hals, tut er Ihnen weh? *P.* – Ja, ich habe Halsschmerzen und eine verstopfte Nase. *D.* – Erlauben Sie, daß ich Sie kurz untersuche? Öffnen Sie den Mund . . . ah, ja, der Hals ist

21 entzündet und auch die Mandeln ein wenig. Husten Sie bitte! Die Lunge ist in Ordnung. *P.* – Darüber bin ich froh. *D.* – Sie haben nur eine leichte Grippe, die schnell vergehen wird. Jetzt verschreibe ich Ihnen einige Tabletten gegen die Entzündung und einige Tropfen, die das Übelkeitsgefühl beseitigen. *P.* – Wie oft am Tag muß ich sie nehmen? *D.* – Nehmen Sie drei Tabletten täglich nach den Mahlzeiten und zweimal am Tag zwanzig Tropfen. *P.* – Muß ich eine Diät befolgen? *D.* – Essen Sie leichte Sachen, die leicht zu verdauen sind, und nehmen Sie Vitamin-C-Tabletten, die Ihnen helfen werden, die Krankheit zu bekämpfen und die Abwehrkräfte zu stärken, die uns vor den Krankheiten schützen. Sie werden sehen, daß alle Symptome, über die Sie sich jetzt beklagen, bald verschwunden sein werden. *P.* – Wollen wir es hoffen, Herr Doktor. Vielen Dank! *D.* – Auf Wiedersehen! Und grüßen Sie mir die Dame, von der Sie mir erzählt haben.

I.3. Grammatik

1. Die Relativpronomen

Singular	
Nom.	Il signore che (il quale) parla. *Der Herr, der spricht.*
Gen.	Il signore di cui (del quale) parlo. *Der Herr, von dem ich spreche.*
Dativ	Il signore a cui (al quale) parlo. *Der Herr, mit dem ich spreche.*
Akk.	Il signore che vedo. *Der Herr, den ich sehe.*
Plural	
Nom.	I signori che (i quali) parlano. *Die Herren, die sprechen.*
Gen.	I signori di cui (dei quali) parlo. *Die Herren, von denen ich spreche.*
Dat.	I signori a cui (ai quali) parlo. *Die Herren, mit denen ich spreche.*
Akk.	I signori che vedo. *Die Herren, die ich sehe.*

2. Zum Gebrauch der Relativpronomen

il signore **che** parla i signori **che** parlano la signora **che** parla le signore **che** parlano	**che** wird unverändert für beide Geschlechter und Zahlen, jedoch nur im Nominativ und Akkusativ gebraucht.
il signore **il quale . . .** i signori **dei quali . . .** la signora **la quale . . .** le signore **delle quali . . .**	**quale** richtet sich nach dem Genus und Numerus des Bezugswortes.
il signore **di cui . . .** la signora **a cui . . .**	**cui** wird nur im Genitiv und Dativ gebraucht und ist unveränderlich.
ciò che quello che tutto ciò che tutto quanto	*das, was* *das, was* *alles, was* *alles, was*

3. Ausdrücke mit fare

fa bel (brutto) tempo	*es ist schönes (häßliches) Wetter*
fare le scale	*Treppen steigen*
far(e) colazione	*frühstücken*
fare il bagno	*baden*
far(e) bene/male	*recht/unrecht tun*
far(e) finta di	*so tun als ob*
fa giorno/notte	*es wird Tag/Nacht*
far fare	*machen lassen*
farsi fare	*sich machen lassen*
farsi la barba	*sich rasieren*
farsi fare la barba	*sich rasieren lassen*

I.4. Übungen

1. Verbinden Sie die Sätze 1 und 2 durch Relativpronomen:

1. Peter va dal medico. 2. La vicina gli ha consigliato il medico. 1. Il medico prescrive le medicine. 2. Combattono la malattia. 1. Peter va da Karin. 2. Le porta dei fiori. 1. Ho visto il signore. 2. Te ne ho parlato ieri. 1. Karin ha parlato con la signora. 2. Le ha fatto una visita. 1. Mi ha raccontato tutto. 2. Io sapevo già tutto.

2. Übersetzen Sie:

Peter wacht mit starken Kopfschmerzen und Fieber auf. Er geht zum Arzt, den ihm die Nachbarin empfohlen hat. Er hat eine Entzündung im Hals und an den Mandeln. Der Arzt untersucht ihn kurz. Er verschreibt ihm einige Medikamente, die die Symptome beseitigen: Tabletten gegen Halsschmerzen und Tropfen gegen Übelkeitsgefühle. Peter muß auch Vitamin-C-Tabletten nehmen, die die Krankheit bekämpfen und die Abwehrkräfte stärken, die vor anderen Krankheiten schützen. Bald wird es ihm besser gehen.

I.5. Wortschatz

la visita *la wiṣita*	Untersuchung
medico *mediko*	ärztlich
dato che	weil
il medico *il mediko*	Arzt
la vicina *la witschina*	Nachbarin
il dottore	Doktor
la quale	die *(relativ)*
il sintomo *il sintomo*	Symptom
il mal di testa	Kopfschmerzen
misurarsi *miṣurarsi*	sich messen
la febbre	Fieber
il termometro *il termometro*	Thermometer
segnare *senjare*	zeigen
il grado	Grad
lo stomaco *lo stomako*	Magen
il senso	Sinn, Gefühl
la nausea *la nauṣea*	Übelkeit, Ekel
impedire	verhindern
la gola	Hals
fare male	schmerzen, weh tun
il mal di gola	Halsschmerzen
il naso	Nase
breve	kurz
la bocca	Mund
infiammato	entzündet
le tonsille	Mandeln
tossire	husten
il polmone	Lunge
in ordine *in ordine*	in Ordnung
in fretta	schnell
la pastiglia *la pastilja*	Tablette
l'infiammazione *f*	Entzündung
il pasto	Mahlzeit
digeribile *didscheribile*	verdaulich
la vitamina	Vitamin
combattere *kombattere*	bekämpfen
rafforzare	stärken
gli anticorpi	Abwehrkräfte

II.1. In farmacia

Dopo la visita medica Peter si reca in una farmacia per comprare subito le medicine, che gli sono state prescritte. Dà la ricetta al farmacista che va a prenderle. Il farmacista gli dice di seguire sia l'istruzione per l'uso che l'indicazione della dose che gli ha consigliato il medico e di non badare a ciò che c'è scritto sul foglio all'interno della scatola. Peter coglie l'occasione di essere in una farmacia per fornirsi di pastiglie contro il mal di testa e di leggeri lassativi. Inoltre gli viene ancora in mente di comprare una pomata contro le scottature solari. Con il sole amalfitano non si sa mai . . .!

II.2. Übersetzung

In der Apotheke

Nach der ärztlichen Untersuchung geht Peter in eine Apotheke, um sofort die Medikamente zu kaufen, die ihm verschrieben worden sind. Er gibt das Rezept dem Apotheker, der sie holt. Der Apotheker sagt, er solle sowohl die Gebrauchsanweisung als auch die Dosierung, die ihm der Arzt empfohlen habe, befolgen und nicht darauf achten, was auf dem Zettel in der Schachtel steht. Peter nutzt die Gelegenheit, in einer Apotheke zu sein, um sich mit Tabletten gegen Kopfschmerzen und leichten Abführmitteln zu versorgen. Außerdem fällt ihm noch ein, eine Salbe gegen Sonnenbrand zu kaufen. Bei der amalfitanischen Sonne weiß man ja nie . . .

II.3. Grammatik

1. Gebrauch der Präposition a

sono a Napoli vado a Napoli sono al ristorante vado alla spiaggia	räumlich
alle due del pomeriggio a sei anni *mit sechs Jahren*	zeitlich

andare a piedi *zu Fuß gehen* andare a cavallo *reiten* al sole	Art und Weise: auf die Frage **wie?**

2. Gebrauch der Präposition in

vado in Italia in montagna	räumlich
in estate in due minuti	zeitlich
andare in treno andare in macchina	Bezeichnung der Art der Fortbewegung
in divisa *in Uniform* in gamba *tüchtig* in punta di piedi *auf Zehenspitzen*	Bezeichnung einer Eigenschaft

II.4. Übungen

Übersetzen Sie:

Peter geht in die Apotheke, um die Medikamente zu kaufen. Er gibt dem Apotheker das Rezept. Er soll die Gebrauchsanweisung und die Dosierung, die ihm der Arzt empfohlen hat, befolgen. Der Arzt ist tüchtig. Peter nutzt die Gelegenheit und kauft auch Tabletten gegen Kopfschmerzen und leichte Abführmittel. Wollen wir mit dem Auto nach Rom fahren oder mit dem Zug? Im Sommer fahren wir nach Italien. Macht es dir Spaß zu reiten, oder gehst du lieber zu Fuß?

II.5. Wortschatz

la farmacia *la farmatschia*	Apotheke
recarsi	sich begeben
la ricetta *la ritschetta*	Rezept
il farmacista *il farmatschista*	Apotheker
sia . . . che *sia . . . ke*	sowohl . . . als auch
l'istruzione *f*	Anleitung
l'uso *m luso*	Gebrauch
l'indicazione *f*	Anweisung
la dose *la dose*	Dosis
badare	achtgeben
il foglio *il foljo*	Blatt, Zettel
l'interno *m*	Innere
cogliere *koljere*	pflücken
fornirsi	sich versorgen
il lassativo	Abführmittel
venire in mente	einfallen
la pomata	Salbe
la scottatura	Verbrennung
solare	von der Sonne

Lezione 22 — Lektion 22

Il tempo vola

Die Zeit vergeht im Nu

I.1. Si pensa al ritorno

Il tempo vola, specialmente se si tratta delle vacanze. Improvvisamente arriva l'ora in cui si deve pensare al ritorno.

(Peter: *P.*, Karin: *K.)*

P. Beh, Karin, so che l'argomento non ti farà piacere, però è giunto il momento, in cui dovremmo organizzare il nostro ritorno.

K. Peter sei crudele! Io starei qui in Italia per sempre, mi cercherei un lavoro, affitterei un bel appartamento e vivrei qui fra le palme e gli oleandri, in un clima mite.

P. Lo so, lo so, che sei una sognatrice, che vorresti condurre un'altra vita, però ti prego, sii realistica; sai che tutte le belle cose devono purtroppo finire.

K. Sei il solito realista, oggettivo e calcolatore. Però ammetto che hai ragione.

P. Senti, io proporrei di partire dopodomani. Avrei voglia di passare ancora due, tre giorni in Umbria. Ti farei conoscere un bel paese medievale vicino al Lago Trasimeno.

K. Stai parlando forse di Castiglione del Lago? Me ne ha parlato già Antonia in tono entusiastico.

P. Giusto. Vorresti conoscerlo anche tu? Da lì si potrebbe fare una gita a Perugia, che è una città molto interessante, ricca di opere d'arte, e ad Assisi, la città di San Francesco.

K. Mi interesserebbe molto visitare il duomo di Assisi, dove si trovano gli affreschi di Giotto.

P. Sia per ciò che riguarda l'arte che il paesaggio sarebbe un viaggio istruttivo.

K. E sai che cosa si potrebbe fare a Castiglione?

P. Dimmi!

K. Potremmo assaggiare il tegamaccio, che è un tipico piatto del luogo.

P. E che cos'è?

K. È anguilla, cotta in un sugo di pomodoro con aglio e pane tostato.

P. E sicuramente ci sarà anche dell'ottimo vino.

I.2. Übersetzung

Man denkt an die Rückkehr

Die Zeit vergeht im Nu, vor allem die Urlaubszeit. Plötzlich kommt der Augenblick, in dem man an die Rückkehr denken muß.

(Peter: *P.*, Karin: *K.)*

P. – Na ja, Karin, ich weiß, daß dir dieses Gespräch keine Freude machen wird, aber es ist der Moment gekommen, in dem wir unsere Rückkehr organisieren müßten. *K.* – Peter, du bist grausam! Ich würde für immer hier in Italien bleiben, würde mir eine Arbeit suchen, würde eine schöne Wohnung mieten und hier zwischen Palmen und Oleander, in einem milden Klima, leben. *P.* – Ich weiß, ich weiß, daß du eine Träumerin bist, daß du ein anderes Leben führen möchtest, aber ich bitte dich, sei realistisch; du weißt ja, daß alle schönen Dinge leider zu Ende gehen müssen. *K.* – Du bist der übliche Realist, objektiv und berechnend. Aber ich gebe zu, daß du recht hast. *P.* – Paß auf, ich würde vorschlagen, übermorgen zu fahren. Ich hätte Lust, noch zwei, drei Tage in Umbrien zu verbringen. Ich würde dir ein schönes mittelalterliches Dorf in der Nähe des Trasimener Sees zeigen. *K.* – Sprichst du etwa von Castiglione del Lago? Antonia hat mir schon in begeistertem Ton davon erzählt. *P.* – Richtig. Möchtest du es auch kennenlernen? Von dort aus könnte man auch einen Ausflug nach Perugia, einer sehr interessanten Stadt mit zahlreichen Kunstwerken, und nach Assisi machen, der Stadt des hl. Franziskus. *K.* – Es würde mich sehr interessieren, den Dom von Assisi zu besichtigen, in dem sich die Fresken von Giotto befinden. *P.* – In Anbetracht der Kunst und der Landschaft wäre es eine lehrreiche Reise. *K.* – Und weißt du, was wir in Castiglione machen könnten? *P.* – Sag mir's! *K.* – Wir könnten den „Tegamaccio" probieren, ein typisches Gericht des Ortes. *P.* – Und was ist das? *K.* – Es ist Aal, gekocht in Tomatensauce mit Knoblauch und Toastbrot. *P.* – Und sicherlich wird es einen vorzüglichen Wein geben.

I.3. Grammatik

1. Der Konditional der Hilfsverben avere und essere

avere		essere	
avrei	*ich hätte*	sarei	*ich wäre*
avresti		saresti	
avrebbe		sarebbe	
avremmo		saremmo	
avreste		sareste	
avrebbero		sarebbero	

2. Der Konditional der regelmäßigen Verben auf -are, -ere, -ire

parl-are	vend-ere	part-ire
parl-erei parl-eresti parl-erebbe parl-eremmo parl-ereste parl-erebbero	vend-erei vend-eresti vend-erebbe vend-eremmo vend-ereste vend-erebbero	part-irei part-iresti part-irebbe part-iremmo part-ireste part-irebbero

pa**g-h**-erei cer**c-h**-erei	Die Verben auf **-are,** deren Stamm auf **c, g, sc** endet, schieben vor der Endung ein **h** ein.
man**g-e**rei comin**c-e**rei la**sc-e**rei	Die Verben auf **-are** mit Stammauslaut **ci, gi, sci** verlieren das **i.**
ve**dr**ei sa**pr**ei do**vr**ei po**tr**ei	Endungsbetonte Verben auf **-ere** mit Stammauslaut **d, p, t, v** verlieren das erste **e** der Infinitivendung.
venire – ve**rr**ei volere – vo**rr**ei bere – be**rr**ei	**venire, volere, bere** haben **zwei r.**
stare – starei fare – farei dare – darei dire – direi andare – andrei	Daneben gibt es einige Kurzformen.

3. Zum Gebrauch des Konditionals

Potresti venire?	Der Konditional wird gebraucht, um eine Frage in ihrem Ton zu mildern, und bei Bitten.
Si potrebbe andare.	Wenn eine Handlung geschehen könnte.

4. Der zweite Konditional

sarei stato *ich wäre gewesen* avrei avuto *ich hätte gehabt*	Der zweite Konditional wird häufig im Sinne von Vermutung, Ungewißheit, Zweifel gebraucht.

I.4. Übungen

1. Setzen Sie folgende Sätze in den Konditional:
Ho voglia di passare alcuni giorni in Umbria. Vado volentieri a visitare il duomo. Può anche aiutarmi. Mi dai il libro per favore? E tu sei stato a Roma? Bevo volentieri un caffè. Mangio un bel piatto di spaghetti. Vendono la casa. Fate un viaggio in Italia? Mi sai dire come si chiama il medico? E tu vuoi insegnarmi l'italiano?

2. Übersetzen Sie:
Es kommt leider der Augenblick, in dem man an die Rückreise denken muß. Karin würde gerne in Italien bleiben, eine Wohnung mieten, eine Arbeit suchen und zwischen Palmen und Oleander leben. Peter möchte einige Tage in Umbrien verbringen. Sie könnten auch Ausflüge nach Perugia und Assisi machen. Karin würde gerne die Fresken von Giotto im Dom von Assisi besichtigen. Sie könnten am Trasimener See das typische Ortsgericht „Tegamaccio" probieren, das aus Aal, Tomatensauce, Knoblauch und Toastbrot besteht.

I.5. Wortschatz

volare	fliegen
trattarsi di	sich handeln um
improvviso *improwwi̥ṣo*	plötzlich
l'argomento *m*	Argument
giungere *dsch**u**ndschere*	gelangen
organizzare *organiẓẓ**a**re*	organisieren
crudele	grausam
vivere *w**i**were*	leben
la palma	Palme
l'oleandro *m*	Oleander
il clima	Klima
mite	mild
la sognatrice *la sonjatr**i**tsche*	Träumerin
condurre	führen
pregare	bitten
realistico *reali**s**tiko*	realistisch
solito *s**o**lito*	gewohnt, üblich
il realista	Realist
oggettivo *oddschett**i**wo*	objektiv
calcolatore	berechnend
ammettere *amm**e**ttere*	zugeben
proporre	vorschlagen
dopodomani	übermorgen
Umbria ***u**mbria*	Umbrien
medievale	mittelalterlich
il tono	Ton
entusiastico *entuṣi**a**stiko*	begeistert
ricco	reich

l'opera *f* d'arte *l**o**pera d**a**rte*	Kunstwerk
il duomo	Dom
l'affresco *m*	Freske
istruttivo	lehrreich
assaggiare *assaddsch**a**re*	probieren
tipico *t**i**piko*	typisch
il piatto	Gericht, Teller
il luogo	Ort
l'anguilla *f*	Aal
cotta (cuocere) *(cu**o**tschere)*	gekocht (kochen)
l'aglio *m* *l**a**ljo*	Knoblauch
il pane tostato	Toastbrot

II.1. Ci si deve arrangiare

Prima di iniziare un lungo viaggio ci si deve assicurare che la macchina sia a posto. La si deve sottoporre ad un controllo generale. Peter ha bisogno di alcune ore per poter controllare il motore e le gomme. Gli occorrono degli attrezzi: alcune chiavi inglesi di diverse misure e un cacciavite. Gli serve anche molta concentrazione. Non ci si deve arrabbiare, se ci si sporca, perchè è una cosa inevitabile. Però Peter ha il vantaggio di non avere bisogno di andare in officina dal meccanico. Un proverbio dice: Chi fa da sè, fa per tre.

II.2. Übersetzung

Man muß sich zu helfen wissen

Bevor man eine lange Reise beginnt, muß man sich vergewissern, daß das Auto in Ordnung ist. Man muß es einer allgemeinen Kontrolle unterziehen. Peter braucht einige Stunden, um den Motor und die Reifen prüfen zu können. Er braucht einiges Werkzeug: einige Schraubenschlüssel verschiedener Größen und einen Schraubenzieher. Er braucht auch viel Konzentration. Man darf sich nicht ärgern, wenn man sich schmutzig macht, da es unvermeidlich ist. Peter hat aber den Vorteil, nicht in die Werkstatt zum Mechaniker gehen zu müssen. Ein Sprichwort besagt: Wer allein arbeitet, arbeitet für drei.

II.3. Grammatik

1. Si *(man)* in Verbindung mit den reflexiven Verben

si deve controllare **ci si** deve concentrare non **ci si** deve concentrare la si deve controllare	Vor reflexiven Verben wird **si** zu **ci,** um die Wiederholung des si zu vermeiden.

2. Avere bisogno di . . .

ho bisogno degli attrezzi mi serve un cacciavite mi servono degli attrezzi mi occore un cacciavite mi occorrono degli attrezzi di che cosa hai bisogno? *was brauchst du?* che cosa ti serve? che cosa ti occorre?	Es gibt drei Möglichkeiten, das deutsche *ich brauche* im Italienischen auszudrücken. Occorrere und servire richten sich im Numerus nach dem Subjekt.

II.4. Übungen

Übersetzen Sie:

Man muß sich vergewissern, daß das Auto in Ordnung ist. Man muß es einer Generalkontrolle unterziehen, bevor man eine lange Reise beginnt. Peter braucht viel Zeit und Konzentration. Er benötigt einige Schraubenschlüssel und einen Schraubenzieher. Man darf sich nicht ärgern, wenn man sich schmutzig macht. Man muß sich arrangieren. Ein Sprichwort besagt: Wer allein arbeitet, arbeitet für drei.

II.5. Wortschatz

arrangiarsi *arrandscharsi*	sich behelfen	essere a posto *essere . . .*	in Ordnung sein
assicurarsi	sich vergewissern, versichern	sottoporre il controllo	unterziehen Kontrolle

generale *dschener**a**le*	allgemein
avere bisogno di . . . *biṣ**o**njo* . . .	brauchen
controllare	kontrollieren, prüfen
la gomma	Reifen, Gummi
l'attrezzo *m*	Werkzeug
la chiave inglese	Schraubenschlüssel
diverso	verschieden
la misura *la miṣ**u**ra*	Größe, Maß
il cacciavite *il kattschaw**i**te*	Schraubenzieher
la concentrazione *la kontschentrazi**o**ne*	Konzentration
sporcarsi	sich schmutzig machen
inevitabile *inewit**a**bile*	unvermeidlich
il vantaggio *il want**a**ddscho*	Vorteil
l'officina *f* *loffitsch**i**na*	Werkstatt
il meccanico *il mekk**a**niko*	Mechaniker
il proverbio *il prow**e**rbio*	Sprichwort

Lezione 23 – Lektion 23

Il passatempo

Der Zeitvertreib

I.1. Quattro chiacchiere

In Italia si fa presto a conoscere qualcuno ed a fare quattro chiacchiere. Basta che uno vada al bar e si accosti al banco.

(Peter: *P.*, signore: *S.*)

S. Ha letto il giornale stamattina?

P. Sebbene lo abbia comprato, non l'ho ancora letto attentamente, gli ho dato solo uno sguardo breve, perchè sappia ciò che succede nel mondo.

S. Beh, in fondo non ci sono grandi novità. Può darsi che domani scioperino gli addetti ai mezzi pubblici. Si dice che non circolino né autobus, né treni e si teme che lo sciopero duri tutto il giorno.

P. Speriamo che si mettano presto d'accordo sull'aumento del salario, altrimenti ci sarà un caos.

S. Bah, caos non direi, ormai siamo abituati al fatto, che qualcosa non funzioni. Non è la fine del mondo.

P. Mi pare che voi italiani abbiate una filosofia tutta propria. Non è facile che un tedesco la capisca.

S. Può darsi che Lei abbia ragione. Vede, io credo che noi prendiamo la vita e le situazioni come vengono, cioè con una certa leggerezza e con un pizzico di fatalismo.

P. Sì, ha ragione, specialmente qui al sud ho notato questo fatto, benchè non si possa parlare di rassegnazione.

S. Si dice che gli italiani amino la dolce vita e non siano capaci ad organizzare. È vero che abbiamo questa fama all'estero?

P. Direi di sì, benchè anche in Germania si vedano i problemi politici ed economici del vostro paese.

S. Al momento è difficile che la situazione cambi, speriamo che non peggiori.

P. Credo però che tutto sommato in Italia si stia bene. Ho l'impressione che la gente sia piena di temperamento e di vitalità.

S. Davvero?

P. Sì. Ho visto molti paesi e per me l'Italia è il più bello che conosca. È possibile che un giorno o l'altro mi stabilisca insieme a mia moglie in Italia.

S. Mi fa piacere che a Lei piaccia sia l'Italia che gli italiani.

I.2. Übersetzung

Ein kurzes Gespräch

In Italien lernt man leicht jemanden kennen und kommt leicht mit jemandem ins Gespräch. Es genügt, ins Café zu gehen und sich an die Theke zu stellen.

(Herr: *S.*, Peter: *P.*)

S. – Haben Sie heute morgen die Zeitung gelesen? *P.* – Obwohl ich sie gekauft habe, habe ich sie noch nicht genau gelesen, ich habe nur einen kurzen Blick hineingeworfen, um zu wissen, was auf der Welt passiert. *S.* – Na, im Grunde gibt es keine großen Neuigkeiten. Es kann sein, daß morgen die Angestellten der öffentlichen Verkehrsmittel streiken. Man sagt, daß weder Busse noch Züge verkehren und man befürchtet, daß der Streik den ganzen Tag dauert. *P.* – Hoffentlich werden sie sich bald über die Lohnerhöhung einig, sonst gibt es ein Chaos. *S.* – Ach, Chaos würde ich nicht sagen, mittlerweile sind wir an die Tatsache gewöhnt, daß etwas nicht funktioniert. Es ist nicht so schlimm. *P.* – Mir scheint, daß ihr Italiener eine eigene Lebensphilosophie habt. Es ist nicht leicht, daß ein Deutscher sie versteht. *S.* – Kann sein, daß Sie recht haben. Sehen Sie, ich glaube, wir nehmen das Leben und die Situationen, wie sie kommen, d.h. mit einer gewissen Leichtigkeit und mit etwas Fatalismus. *P.* – Sie haben recht, vor allem hier im Süden habe ich diese Tatsache beobachtet, obwohl man nicht von Resignation sprechen kann. *S.* – Man sagt, die Italiener würden das „süße Leben" lieben und könnten nicht organisieren. Stimmt es, daß wir im Ausland diesen Ruf haben? *P.* – Ich glaube schon, obwohl man auch in Deutschland die politischen und ökonomischen Probleme Ihres Landes sieht. *S.* – Im Moment wird sich die Situation kaum ändern, hoffen wir, daß sie sich nicht verschlechtert. *P.*– Ich glaube aber, daß man alles in allem in Italien gut leben kann. Ich habe den Eindruck, daß die Leute temperamentvoll sind und Vitalität besitzen. *S.* – Wirklich? *P.* – Ja. Ich bin in viele Länder gereist, und für mich ist Italien das schönste Land, das ich kenne. Es ist möglich, daß ich mich eines Tages mit meiner Frau in Italien niederlassen werde. *S.* – Es freut mich, daß Ihnen Italien und die Italiener gefallen.

I.3. Grammatik

1. Der Konjunktiv Präsens

essere		avere	
che io sia	daß ich sei	abbia	daß ich habe
che tu sia		abbia	
che lui sia		abbia	
che noi siamo		abbiamo	
che voi siate		abbiate	
che loro siano		abbiano	

Die regelmäßigen Verben auf -are, -ere, -ire			
	parl-are	vend-ere	Bei den ersten drei Pers. Sing. setzt man das Personalpronomen, um Mißverständnisse zu vermeiden
che io	parl-i	vend-a	
che tu	parl-i	vend-a	
che lui	parl-i	vend-a	
che noi	parl-iamo	vend-iamo	
che voi	parl-iate	vend-iate	
che loro	parl-ino	vend-ano	
	sent-ire	cap-ire	
	sent-a	cap-isc-a	
	sent-a	cap-isc-a	
	sent-a	cap-isc-a	
	sent-iamo	cap-iamo	
	sent-iate	cap-iate	
	sent-ano	cap-isc-ano	

2. Zum Gebrauch des Konjunktivs
Der Konjunktiv wird im Italienischen häufig anders gebraucht als im Deutschen. In der indirekten Rede wird im Italienischen kein Konjunktiv gebraucht.
Man beachte die Zeitenfolge: auf ein Präsens oder Futur Indikativ im Hauptsatz folgt im Nebensatz ein Konjunktiv Präsens; auf eine Vergangenheit folgt im Nebensatz Konjunktiv Imperfekt.

Der Konjunktiv in Hauptsätzen	
Dio mi aiuti! *Gott helfe mir!* Che stiano zitti! *Sie sollen still sein!* Che vengano presto! *Sie sollen bald kommen!*	In Hauptsätzen, die einen Befehl, einen Wunsch, eine Bitte u.ä. ausdrücken.
Der Konjunktiv in Nebensätzen	
voglio che parli spero che parliate desidero che parli dubito che parta Mi pare che ci sia *ferner:* temere, lasciare, avere paura, permettere, consigliare, piacere ecc.	In Nebensätzen, die durch **che** oder **se** eingeleitet werden, oder wenn der Hauptsatz ein Verb enthält, das einen Wunsch, einen Befehl, ein Gefühl u.ä. ausdrückt.

è possibile che parli è difficile che parliate è peccato che piova non è vero che piova può darsi che venga si dice che sia vero è facile, bisogna, è necessario ecc.	In Nebensätzen mit unpersönlichen Wendungen.
vengo benchè piova parlo perchè tu sappia *ferner:* sebbene, prima che *(bevor),* in caso che (im Falle daß) a condizione che *(unter der Bedingung daß)* a meno che *(es sei denn)* purchè *(wenn nur)* ecc.	In Nebensätzen, die mit bestimmten Konjunktionen eingeleitet werden.
Vorrei un'amica che parli italiano.	In Nebensätzen, die indirekt einen Wunsch ausdrücken.
È il più bel paese che conosca. È il primo che parli.	Nach Superlativen und nach l'unico, il primo, l'ultimo.

I.4. Übungen

1. Setzen Sie in den folgenden Sätzen das Verb in den Indikativ oder den Konjunktiv Präsens:
Di chi (essere) questo libro? Mi pare che (essere) di Karin. Che cosa (fare) tu? È necessario che io (scrivere) una lettera. Karin (sperare) di vedere Maria Pia, prima che (finire) il viaggio. Bisogna che Peter non (scrivere). Sei contenta che io (arrivare)? Maria Pia teme che (piovere). L'Italia (essere) il paese più bello che Peter (avere) visto.

2. Übersetzen Sie:
Obwohl ich die Zeitung gekauft habe, habe ich sie noch nicht aufmerksam gelesen. Ich lese sie, damit ich weiß, was auf der Welt passiert. Es kann sein, daß morgen die Angestellten der öffentlichen Verkehrsmittel streiken. Hoffen wir, daß der Streik nicht den ganzen Tag dauert. Es scheint mir, daß die Italiener

eine eigene Lebensphilosophie haben. Es kann sein, daß der Herr recht hat. Ich glaube, daß die Italiener das Leben mit einer gewissen Leichtigkeit nehmen. Ich glaube, daß man in Italien alles in allem gut leben kann. Ich habe den Eindruck, daß die Leute temperamentvoll sind und Vitalität besitzen.

I.5. Wortschatz

il passatempo	Zeitvertreib
quattro	*(hier)* ein paar
le chiacchiere *le ki**a**kkiere*	Plaudern, Plauderstündchen
qualcuno	jemand
basta che	es genügt, daß
accostarsi	sich nähern, lehnen
il banco	Theke
sebbene	obwohl
lo sguardo *lo ṣgu**a**rdo*	Blick
la novità *la nowit**a***	Neuigkeit
può darsi *pu**o** . . .*	es kann sein
scioperare *schoper**a**re*	streiken
l'addetto *m*	Angestellter, Zuständiger
il mezzo pubblico *. . . p**u**bbliko*	öffentliches Verkehrsmittel
circolare *tschirkol**a**re*	verkehren
né . . . né	weder . . . noch
temere	befürchten
durare	dauern
mettersi d'accordo *m**e**ttersi . . .*	übereinkommen
l'aumento *m*	Erhöhung
il salario *il sal**a**rio*	Lohn
ormai *orm**a**i*	nunmehr, mittlerweile
il fatto	Tatsache
funzionare	funktionieren
la fine	Ende
parere	scheinen
la filosofia *la filoṣof**i**a*	Philosophie
la situazione	Situation
ciòe *tscho**e***	das heißt
certo *tsch**e**rto*	gewiß, sicher
la leggerezza *la leddscher**e**zza*	Leichtigkeit
il pizzico *il p**i**zziko*	Prise
il fatalismo	Fatalismus
notare	notieren, beobachten
la rassegnazione *la rassenjazi**o**ne*	Resignation
capace *kap**a**tsche*	fähig
la fama	Ruf
benchè *benk**e***	obwohl
politico *pol**i**tiko*	politisch
peggiorare *peddschor**a**re*	verschlechtern
sommato	summiert
tutto sommato	alles in allem
l'impressione *f*	Eindruck
il temperamento	Temperament
la vitalità *la witalit**a***	Vitalität
davvero	wirklich, tatsächlich
stabilirsi	sich niederlassen

II.1. Una partita a carte

Penso che a molta gente faccia piacere giocare a carte durante una serata piovosa, quando non si sa cosa fare. Peter è contento che Maria Pia voglia fare una partita a canasta con lui, anche se teme che non sappia giocare molto bene. Maria Pia prende il mazzo di carte e le mischia alcune volte; poi le da. Peter la osserva perchè ha paura che possa barare. Infatti ha l'impressione che Maria Pia voglia vincere a tutti i costi. Spera che Maria Pia gli dia delle carte buone. Maria Pia ha molta fortuna e fa una bell'apertura. Sembra che stia vincendo. Vinca il migliore!

II.2. Übersetzung

Ein Kartenspiel

Ich glaube, daß es vielen Leuten Spaß macht, während eines regnerischen Abends, wenn man nicht weiß, was man tun soll, Karten zu spielen. Peter ist froh, daß Maria Pia mit ihm eine Partie Canasta spielen will, obwohl er befürchtet, daß sie nicht gut spielt. Maria Pia nimmt den Stoß Karten und mischt sie einige Male; dann verteilt sie sie. Peter beobachtet sie, weil er Angst hat, daß sie schummeln könnte. Er hat nämlich den Eindruck, daß Maria Pia um jeden Preis gewinnen möchte. Er hofft, daß Maria Pia ihm gute Karten gibt. Maria Pia hat großes Glück und macht eine gute Eröffnung. Es scheint, daß sie gewinnt. Möge der Bessere gewinnen!

Der Konjunktiv einiger unregelmäßiger Verben

andare	venire	tenere
che io vada che tu vada che lui vada che noi andiamo che voi andiate che loro vadano	venga venga venga veniamo veniate vengano	tenga tenga tenga teniamo teniate tengano
stare	dare	dire
stia stia stia stiamo stiate stiano	dia dia dia diamo diate diano	dica dica dica diciamo diciate dicano
sapere	volere	fare
sappia sappia sappia sappiamo sappiate sappiano	voglia voglia voglia vogliamo vogliate vogliano	faccia faccia faccia facciamo facciate facciano

II.4. Übungen

Setzen Sie die richtige Form des Verbs ein:

Spero che tu (sapere) giocare a carte. Sono contento che vi (fare) piacere giocare a carte. Credo che noi (potere) giocare a canasta. Temo che Maria Pia (volere) barare. Speriamo che gli amici (venire) questa sera. Credo che loro (andare) a teatro e che non (venire) da noi. Ci sembra che lui (stare) vincendo. È meglio che tu (dire) ciò che è successo. Temo che loro non ci (dare) il libro. Ho paura che voi (volere) partire subito. Mi fa piacere che voi (andare) al cinema.

II.5. Wortschatz

la partita	Partie
la carta	Karte
la partita a carte	Kartenspiel
piovoso	regnerisch
la canasta	Canasta
il mazzo	Stoß
mischiare	mischen
barare	schwindeln, schummeln
infatti	nämlich
vincere *wintschere*	gewinnen
il costo	Preis, Kosten
a tutti i costi	um jeden Preis
l'apertura *f*	Eröffnung, Öffnung

Lezione 24 – Lektion 24

Se, se, se ...

Wenn, wenn, wenn ...

I.1. Alla posta

Karin e Peter vorrebbero spostare la data del loro ritorno. Se il tempo restasse così bello, rimarrebbero volentieri ancora due giorni in più.

(Karin: *K.*, Peter: *P.*, signorina: *S.*)

K. Peter, devo informare mia madre che torniamo più tardi, altrimenti starà in pensiero. Penserà ad una disgrazia.

P. Basta un colpo di telefono.

K. Se sapessi il numero di telefono non ci sarebbero problemi, ma ha traslocato due giorni fa e non conosco ancora il nuovo numero.

P. E se tu chiedessi al centralino, non pensi, che te lo potrebbero dire?

K. Non credo. Se avessi saputo che mi sarebbe piaciuto tanto stare in Italia, avrei preso più giorni di ferie. Ma ormai ...

P. Ho un'idea: ti conviene andare alla posta e spedire un telegramma. È la cosa più veloce e sicura. Che ne dici?

K. Peter, sei un genio. Se non avessi te, non saprei cosa fare!

Alla posta

K. Signorina, vorrei spedire un telegramma in Germania. Mi fa la cortesia di spiegarmi che cosa devo fare?

S. Troverà i moduli per telegrammi sulla scrivania alle sue spalle. Basta compilarli.

K. Se avessi una penna o una biro potrei farlo.

S. Troverà tutto sulla scrivania.

K. Ecco fatto! Se avessi pensato subito alla possibilità di mandare un telegramma, mi sarei risparmiata tante preoccupazioni.

S. Ora mi deve ancora dire l'indirizzo del destinatario e del mittente. Se mi scandisce le lettere dei nomi, faremmo più in fretta.

K. Eh sì, il tedesco è una lingua difficile, specialmente l'ortografia.

S. Mi meraviglio che Lei parli così bene l'italiano. Se io parlassi il tedesco così bene come Lei l'italiano, sarei felicissima. Io parlo solo un po' d'inglese ed a stento alcune parole di francese.

K. Le lingue sono la mia passione.

S. Se avessi più tempo, mi dedicherei anch'io allo studio delle lingue.

I.2. Übersetzung

Auf der Post

Karin und Peter möchten das Datum ihrer Rückkehr verschieben. Wenn das Wetter so schön bleiben würde, würden sie noch gerne zwei Tage länger bleiben.

(Karin: *K.,* Peter: *P.,* Fräulein: *S.*)

K. – Peter, ich muß meine Mutter benachrichtigen, daß wir später kommen, sonst macht sie sich Sorgen. Sie wird an ein Unglück denken. *P.* – Es reicht ein Telefonanruf. *K.* – Wenn ich die Telefonnummer wüßte, gäbe es keine Probleme, sie ist aber vor zwei Tagen umgezogen, und ich weiß die neue Nummer noch nicht. *P.* – Und wenn du die Auskunft anrufen würdest, glaubst du nicht, daß sie sie dir sagen könnte? *K.* – Ich glaube nicht. Wenn ich gewußt hätte, daß es mir in Italien so gut gefallen würde, hätte ich mehr Urlaubstage genommen. Aber nun . . . *P.* – Ich habe eine Idee: Es lohnt sich, wenn du zur Post gehst und ein Telegramm schickst. Es ist die schnellste und sicherste Sache. Was sagst du denn dazu? *K.* – Peter, du bist ein Genie. Wenn ich dich nicht hätte, wüßte ich nicht, was ich tun sollte!

Auf der Post
K. – Fräulein, ich möchte ein Telegramm nach Deutschland schicken. Haben Sie die Freundlichkeit, mir zu erklären, was ich tun soll? *S.* – Sie finden die Telegrammformulare auf dem Schreibtisch hinter sich. Es genügt, sie auszufüllen. *K.* – Wenn ich eine Feder oder einen Kugelschreiber hätte, könnte ich es machen. *S.* – Sie finden alles auf dem Schreibtisch. *K.* – Gemacht! Wenn ich sofort an die Möglichkeit gedacht hätte, ein Telegramm zu schicken, hätte ich mir viele Sorgen erspart. *S.* – Jetzt müssen Sie mir noch die Adresse des Empfängers und des Absenders geben. Wenn Sie mir die Namen buchstabieren würden, würden wir schneller fertig werden. *K.* – Tja, Deutsch ist eine schwere Sprache, vor allem die Rechtschreibung. *S.* – Es wundert mich, daß Sie so gut Italienisch sprechen. Wenn ich so gut Deutsch sprechen könnte wie Sie Italienisch, wäre ich sehr glücklich. Ich spreche nur ein wenig Englisch und mit Mühe und Not einige Worte Französisch. *K.* – Die Sprachen sind mein Hobby. *S.* – Wenn ich mehr Zeit hätte, würde ich mich auch dem Studium der Sprachen widmen.

1. Der Konjunktiv Imperfekt

avere	essere
che io avessi *daß ich hätte* che tu avessi che lui avesse che noi avessimo che voi aveste che loro avessero	fossi *daß ich wäre* fossi fosse fossimo foste fossero

Die regelmäßigen Verben auf -are, -ere, -ire		
parl-are	vend-ere	sped-ire
che io parl-assi che tu parl-assi che lui parl-asse che noi parl-assimo che voi parl-aste che loro parl-assero	vend-essi vend-essi vend-esse vend-essimo vend-este vend-essero	sped-issi sped-issi sped-isse sped-issimo sped-iste sped-issero

2. Konjunktiv Plusquamperfekt

che io avessi avuto che io avessi parlato	fossi stato fossi andato/-a

3. Konditionalsätze

Se sapessi il numero, chiamerei mia madre	In den Konditionalsätzen mit se steht der Konjunktiv Imperfekt, wenn im Hauptsatz der 1. Konditional steht.
Se avessi saputo il numero, avrei chiamato mia madre	Steht im Hauptsatz der 2. Konditional, so steht im Konditionalsatz der Konjunktiv Plusquamperfekt.
Non so, se verrà	Hat se die Bedeutung von ob, so steht kein Konjunktiv.
Se viene, mi porta il libro	Steht im Hauptsatz der Indikativ, so steht auch der Konditionalsatz im Indikativ.

I.4. Übungen

1. Setzen Sie das Verb in die richtige Form:
Se io (avere) tempo, (studiare) l'italiano. Se il tempo (rimanere) bello, lei (rimanere) ancora alcuni giorni in Italia. Se (piovere) partiamo. Se voi (avere) letto il libro attentamente, ora (avere) potuto (rispondere). Se Carlo (venire), si (potere) partire. Se tu (parlare), (essere) meglio. Non so se Peter (venire). Se (studiare) abbastanza, (capire) di più. Se tu mi (comprare) un mazzo di fiori, io (essere) contenta.

2. Übersetzen Sie:
Wenn das Wetter schön bleiben würde, würden Peter und Karin gerne noch einige Tage in Italien bleiben. Wenn Karin gewußt hätte, daß es ihr so gut gefallen würde, hätte sie mehr Urlaubstage genommen. Peter hat eine Idee: Karin soll ihrer Mutter ein Telegramm schicken. Die Telegrammformulare liegen auf dem Schreibtisch hinter Karin. Wenn Karin sofort daran gedacht hätte, hätte sie sich viele Sorgen erspart. Karin buchstabiert die Namen des Empfängers und des Absenders. Wenn das Fräulein mehr Zeit hätte, würde sie sich dem Studium der Sprachen widmen.

I.5. Wortschatz

la posta	Post
spostare	verschieben
in più *in piu*	mehr, zu viel
tornare	zurück- kommen
più tardi *piu . . .*	später
stare in pensiero	sich Sorgen machen
la disgrazia *la diṣgrazia*	Unglück
il colpo di telefono *. . . telefono*	Telefonanruf
traslocare *traṣlokare*	umziehen
il centralino	Auskunft
convenire	sich lohnen
spedire	schicken
il telegramma	Telegramm
il genio *il dschenio*	Genie
la scrivania	Schreibtisch
la spalla	Schulter
alle spalle	hinter
la penna	Feder(halter)
la biro	Kugelschreiber

mandare	schicken	l'ortografia *f*	Recht-schreibung
la preoccupazione	Sorge	l'inglese *m*	Englisch
il destinatario *il destinatario*	Empfänger	a stento	mit Mühe und Not
il mittente	Absender	il francese *il frantschese*	Französisch
la lettera *la lettera*	Buchstabe	la passione	Leidenschaft, Hobby
scandire le lettere	buchstabieren	dedicarsi	sich widmen

II.1. Davanti alla vetrina

Peter e Karin si fermano davanti alla vetrina di un mobilificio, dove sono esposti dei tavoli da pranzo e delle sedie magnifiche in stile antico e di legno prezioso. C'è anche un divano dell'Ottocento con due poltrone in pelle nera che sembrano molto comode. Se Peter e Karin potessero, comprerebbero subito tutti i mobili esposti per arredare meglio la loro casa. Se facessero dei debiti, potrebbero permettersi questo lusso, ma Peter è contrario a ciò. Vedono anche dei lampadari stupendi di cristallo. Chissà quanto costano! Se vincessero al lotto, tutto sarebbe risolto.

II.2. Übersetzung

Vor dem Schaufenster

Peter und Karin bleiben vor dem Schaufenster eines Möbelgeschäftes stehen, in dem Eßtische und wunderschöne Stühle im antiken Stil und aus kostbarem Holz ausgestellt sind. Außerdem steht da ein Sofa aus dem 19. Jahrhundert mit zwei Sesseln aus schwarzem Leder, die sehr bequem scheinen. Wenn Peter und Karin könnten, würden sie sofort alle ausgestellten Möbel kaufen, um ihr Haus besser einzurichten. Wenn sie Schulden machen würden, könnten sie sich diesen Luxus erlauben, aber Peter ist dagegen. Sie sehen außerdem herrliche Lampen aus Kristall. Weiß Gott, wieviel die kosten! Wenn sie im Lotto gewinnen würden, wäre alles gelöst.

II.3. Grammatik

Konjunktiv Imperfekt der unregelmäßigen Verben stare, dare, dire, fare

stare	dare	dire	fare
stessi stessi stesse stessimo steste stessero	dessi dessi desse dessimo deste dessero	dicessi dicessi dicesse dicessimo diceste dicessero	facessi facessi facesse facessimo faceste facessero

II.4. Übungen

Setzen Sie die richtige Form des Verbs ein:

Se tu (fare) presto, si (potere) partire in tempo. Se noi (stare) insieme, (potere) fare una gita al Lago Trasimeno. Se voi (dire) la verità, vi (capire) meglio. Se (fare) bel tempo, si (potere) andare alla spiaggia. Se tu mi (dare) il libro, io (potere) studiare la lezione. Se voi (stare) a Roma, ci si (potere) vedere più spesso. Se loro mi (dare) un minuto di tempo, (potere) spiegare tutto.

II.5. Wortschatz

la vetrina	Schaufenster
il mobilificio *il mobilifitscho*	Möbelgeschäft
esposto (esporre)	ausgestellt (ausstellen)
il tavolo da pranzo *. . . tawolo . . .*	Eßtisch
la sedia *la sedia*	Stuhl
il legno *il lenjo*	Holz
prezioso	kostbar
il divano	Sofa
l'Ottocento *m* *lottotschento*	19. Jahrhundert
la poltrona	Sessel
la pelle	Leder
il mobile *il mobile*	Möbelstück
arredare	einrichten
il debito *il debito*	Schuld
il lusso	Luxus
contrario *kontrario*	dagegen
il lampadario *il lampadario*	Lampe
il cristallo	Kristall
il lotto	Lotto
risolvere *risolwere*	lösen

Lezione 25 – Lektion 25

Sulla via per Perugia
Auf dem Weg nach Perugia

I.1. Una contravvenzione

Peter e Karin sono in viaggio per Perugia. Percorrono la strada provinciale per poter conoscere meglio l'Italia centrale. Dopo una curva la polizia stradale fa loro segno di fermarsi.

(Poliziotto: *Po.*, Peter: *P.*, Karin: *K.*)

Po. Buon giorno signore. Patente e libretto, per favore.

P. EccoLe i documenti, ma mi dica, che errore ho commesso?

Po. Glielo dico subito. Prima però voglio controllare i suoi documenti. Va bene, tutto in ordine, eccoglieli di ritorno.

P. Grazie.

Po. Duecento metri più indietro c'era il limite di velocità. Non l'ha visto? Avrebbe dovuto ridurre la velocità a 40 chilometri orari.

P. Mi dispiace ma non me ne sono accorto. Forse perchè non me lo aspettavo.

K. E perchè c'è il limite di velocità? Non ne vedo il motivo.

Po. Ve lo spiego subito. Perchè ci sono dei lavori in corso. Oggi è domenica, un giorno festivo, per questo tutto è tranquillo, ma durante i giorni feriali c'è un grande viavai di camion.

P. Ah, ora ho capito. Per fortuna allora che oggi è domenica.

Po. Sì ma la contravvenzione gliela devo fare ugualmente. Quando si guida, bisogna rispettare i segnali stradali. Le devo fare 10.000 Lire di multa.

P. È troppo! Non sia così severo e chiuda un occhio per favore. Per di più siamo stranieri.

Po. Se Lei mi promette che starà più attento, Le faccio la multa minima di 5.000 Lire. Così non potrà dire che noi italiani siamo ostili e pedanti, ma che sappiamo essere anche generosi.

P. Me ne sono già reso conto durante le vacanze. È proprio per questo motivo che vengo volentieri in Italia.

Po. Ne sono molto lieto. Arrivederci e buon viaggio.

I.2. Übersetzung

Ein Strafmandat

Peter und Karin sind auf der Reise nach Perugia. Sie fahren auf der Landstraße, um Mittelitalien besser kennenzulernen. Nach einer Kurve gibt ihnen die Verkehrspolizei ein Zeichen anzuhalten.

(Polizist: *Po.,* Peter: *P.,* Karin: *K.*)
Po. - Guten Tag. Führerschein und Kfz-Schein bitte. *P.* - Bitte, hier sind meine Papiere, aber sagen Sie mir, welchen Fehler habe ich begangen? *Po.* - Ich sage es Ihnen gleich. Vorher will ich aber Ihre Papiere kontrollieren. Ist gut, alles in Ordnung, hier haben Sie sie wieder. *P.* - Danke. *Po.* - Zweihundert Meter weiter hinten war eine Geschwindigkeitsbegrenzung. Haben Sie sie nicht gesehen? Sie hätten die Geschwindigkeit auf 40 Stundenkilometer reduzieren müssen. *P.* - Es tut mir leid, aber es ist mir nicht aufgefallen. Vielleicht weil ich es nicht erwartet habe. *K.* - Und warum ist da eine Geschwindigkeitsbegrenzung? Ich sehe keinen Grund dafür. *Po.* - Ich erkläre es Ihnen sofort: Weil hier Straßenarbeiten durchgeführt werden. Heute ist Sonntag, ein

25 Feiertag, deswegen ist alles ruhig, aber an Werktagen gibt es ein großes Verkehrsaufkommen von Lastwagen. *P.* – Jetzt habe ich verstanden. Zum Glück ist heute Sonntag. *Po.* – Ja, aber ein Strafmandat muß ich Ihnen trotzdem ausstellen. Wenn man Auto fährt, muß man die Verkehrszeichen beachten. Ich muß Ihnen eine Geldstrafe von 10.000 Lire auferlegen. *P.* – So viel! Seien Sie nicht so streng und drücken Sie bitte ein Auge zu, zumal wir Ausländer sind. *Po.* – Wenn Sie mir versprechen, daß Sie aufmerksamer sein werden, gebe ich Ihnen die Mindeststrafe von 5.000 Lire. So werden Sie nicht sagen können, daß wir Italiener unfreundlich und pedantisch sind, sondern auch großzügig sein können. *P.* – Das ist mir schon im Urlaub klargeworden. Gerade aus diesem Grund komme ich gerne nach Italien. *Po.* – Das freut mich. Auf Wiedersehen und gute Reise!

I.3. Grammatik

1. Zwei unbetonte Personalpronomen

Dativ vor Akkusativ	
me lo (la, li, le, ne) **te** lo (la, li, le, ne) **glie**lo (la, li, le, ne) **ce** lo (la, li, le, ne) **ve** lo (la, li, le, ne) **se** lo (la, li, le, ne)	Treffen zwei unbetonte Personalpronomen zusammen, so muß das Dativpronomen vor dem Akkusativpronomen stehen. Das **i** von **mi**, **ti**, **ci**, **vi**, **si** wird zu **e**; gli + le = **glie**
Zum Gebrauch	
mi da il libro me lo da ti do la penna te la do *aber:* portami il libro! **portamelo!** Dammi il libro! **dammelo!**	Auch die doppelten Personalpronomen werden an den Infinitiv, das Gerundium und an den Imperativ 2. Pers. Sing. und 1. und 2. Pers. Pl. angehängt und zusammengeschrieben.
lo do a lui glielo do lo do a lei glielo do	Da die Form glie für lui und lei steht, empfiehlt es sich in Fällen, wo Unklarheit entstehen könnte, die betonte Form nachzustellen.

2. Unbestimmte Pronomen – Zusammenfassung

ogni (ogni sera) ognuno, -a (ognuno sa) qualche qualche libro	adjektivisch *(jeder Abend)* substantivisch *(jeder weiß)* adjektivisch *irgendein* *irgendein Buch*
qualcuno, -a viene qualcuno	subst. *jemand* *es kommt jemand*
alcuno, -a, -i, -e alcun libro alcuni libri	adj. und subst. *irgendein* *irgendein Buch* *einige Bücher*
chiunque qualunque	*wer auch immer* *was auch immer*
qualche cosa, qualcosa nulla, niente tutti, tutte tutto, tutta parecchi, parecchie	*etwas* *nichts* *alle* *alles, ganz* *mehrere*

I.4. Übungen

1. Ersetzen Sie das Kursivgedruckte durch Personalpronomen:
Peter mi da *il libro.* Il cameriere porta *la lista a Karin.* Il poliziotto vi dice subito *tutto.* Porta a Peter *il libro!* Datemi *i biglietti* per il cinema. Diamo *i libri ai ragazzi.*

2. Übersetzen Sie:
Jeder weiß, was er will. Jeden Abend geht sie ins Theater. Ich möchte nur irgendein Buch kaufen. Jemand wird schon kommen. Was auch immer geschieht, wir fahren nach Italien. Alles ist in Ordnung. Nichts funktioniert. Mehrere bevorzugen, ins Kino zu gehen.

3. Übersetzen Sie:
Die Polizei gibt Peter ein Zeichen anzuhalten. Er hat die Geschwindigkeitsbegrenzung nicht beachtet. Warum besteht eine Geschwindigkeitsbegrenzung? Karin sieht keinen Grund dafür. Während der Werktage gibt es ein großes Verkehrsaufkommen von Lastwagen. Peter muß ein Strafmandat von 5.000 Lire bezahlen.

25 I.5. Wortschatz

la contravvenzione	Strafmandat
provinciale *prowintschale*	provinziell
centrale *tschentrale*	zentral
l'Italia centrale *litalia . . .*	Mittelitalien
la curva	Kurve
la polizia stradale	Verkehrspolizei
il segno *il senjo*	Zeichen
il libretto	Kfz-Schein, Zulassung
l'errore *m*	Fehler
commettere *kommettere*	begehen
di ritorno	zurück
il metro	Meter
il limite	Limit, Begrenzung
la velocità *la welotschita*	Geschwindigkeit
il limite di velocità *il limite . . .*	Geschwindigkeitsbegrenzung
ridurre	vermindern, herabsetzen
il chilometro *il kilometro*	Kilometer
i chilometri orari	Stundenkilometer
accorgersi	bemerken, wahrnehmen
aspettarsi	erwarten
i lavori in corso	Straßenarbeiten
il giorno festivo *il dschorno . . .*	Feiertag
il giorno feriale	Werktag
il viavai *il wiawai*	Kommen und Gehen
ugualmente	trotzdem
rispettare	respektieren
la multa	Bußgeld
severo	streng
l'occhio *m* *lokkio*	Auge
chiudere un occhio *kiudere . . .*	ein Auge zudrücken
promettere *promettere*	versprechen
minimo *minimo*	kleinste, geringste
ostile	feindlich, feindselig, unfreundlich
pedante	pedantisch
generoso *dscheneroso*	großzügig
rendersi conto *rendersi . . .*	sich *(einer Sache)* bewußt werden
lieto	froh

II.1. Iscrizione ad un corso

I corsi d'italiano per stranieri a Perugia sono molto famosi: ci viene gente da tutte le parti del mondo. Sebbene Peter e Karin riescano a parlare l'italiano già molto correntemente, desidererebbero iscriversi ad un corso d' italiano per approfondire e perfezionare la loro conoscenza linguistica. Si recano alla segreteria dell'università degli stranieri per informarsi sulle modalità d'iscrizione. Il corso dura quattro settimane; tutti i giorni, eccetto il sabato e la domenica, ci sono lezioni dalle 14h alle 16h. Il corso comprende anche lezioni di storia e di cultura italiana.

II.2. Übersetzung

Einschreibung für einen Kurs

Die Italienischkurse für Ausländer in Perugia sind sehr berühmt: Es kommen Leute aus der ganzen Welt. Obwohl Peter und Karin schon fließend Italienisch sprechen können, möchten sie sich für das nächste Jahr für einen Italienischkurs einschreiben, um ihre sprachlichen Kenntnisse zu vertiefen und zu vervollkommnen. Sie begeben sich in das Sekretariat der Ausländeruniversität, um sich über die Modalitäten der Einschreibung zu erkundigen. Der Kurs dauert vier Wochen; jeden Tag, außer Samstag und Sonntag, findet Unterricht von 14 bis 16 Uhr statt. Der Kurs beinhaltet auch Lektionen über italienische Geschichte und italienische Kultur.

II.3. Grammatik

1. Riuscire a - können, gelingen

Riesco a parlare l'italiano. Riesci a chiudere la finestra?	*Ich kann Italienisch sprechen.* *Kannst du das Fenster schließen?*
Gli spaghetti mi riescono. Gli spaghetti mi sono riusciti.	*Die Spaghetti gelingen mir.* *Die Spaghetti sind mir gelungen.*

2. Wendungen mit stare

stare in piedi	*stehen*
stare seduto	*sitzen*

3. Wendungen mit dare

dare del tu	*duzen*
dare del Lei	*siezen*
dare del cretino	*jemanden dumm nennen*
dare fastidio a qualcuno	*jemanden belästigen*
dare retta a qualcuno	*jemandem Gehör schenken*
dare una mano a qualcuno	*jemandem helfen*

II.4. Übungen

Übersetzen Sie:

Das Abendessen ist mir heute gut gelungen. Peter und Karin können schon fließend Italienisch sprechen. Kannst du um 16 Uhr kommen? Der Zug war voll; ich habe die ganze Zeit gestanden, während Karin gesessen hat. Karin und Peter erkundigen sich im Sekretariat der Ausländeruniversität über die Modalitäten für die Einschreibung. Der Kurs dauert vier Wochen und beinhaltet auch Lektionen über italienische Geschichte und italienische Kultur. Peter schenkt Karin Gehör. Maria Pia und Peter duzen sich.

II.5. Wortschatz

l'iscrizione *f*	Einschreibung
corrente	fließend
iscriversi *iscriversi*	sich einschreiben
approfondire	vertiefen
perfezionare	vervollkommnen
linguistico *linguistiko*	sprachlich
la segreteria	Sekretariat
la modalità *la modalita*	Modalität
eccetto *ettschetto*	außer
comprendere *komprendere*	umfassen, beinhalten

Lezione 26 – Lektion 26

All'università

In der Universität

I.1. Un grande poeta italiano

Assistiamo ad una lezione di letteratura italiana. Il professore entra in aula.

(Professore: *P.*, studente: *S.*)

P. Oggi vi parlerò di uno dei più grandi poeti italiani: di Dante.

S. Dove e quando nacque Dante?

P. Dante Alighieri nacque a Firenze nel maggio del 1265. A nove anni vide per la prima volta Beatrice, la donna che cantò e celebrò nelle sue opere. Beatrice morì nel 1290 e rimase per Dante sempre un sogno irrealizzato. Durante la sua giovinezza, Dante studiò intensamente la filosofia e la teologia, come si usava allora. Però si interessava anche delle vicende politiche di Firenze.

S. Che cosa succedeva a Firenze in quel tempo?

P. La città era divisa in due parti: nella parte guelfa, che era per il Papa e in quella ghibellina, che era per l'imperatore. Dante combattè contro i ghibellini vicino ad Arezzo. Dal 1296 in poi ebbe diversi incarichi politici nel comune della città. Lottò per la libertà e l'indipendenza di Firenze dal Papa. Per questo nel 1302 lo mandarono in esilio. Dante dovette andare di città in città. Trascorse gli ultimi anni della sua vita a Ravenna. Morì il 14 settembre del 1321, mentre era ancora in esilio. La sua opera più famosa è la «Divina Commedia», un'opera che rispecchia tutta la vita politica e culturale italiana di quell'epoca. È scritta in versi di alto valore poetico.

I.2. Übersetzung

Ein großer italienischer Dichter

Wir besuchen eine Unterrichtsstunde über italienische Literatur. Der Professor betritt den Hörsaal.

(Professor: *P.,* Student: *S.*)

P. – Heute werde ich über einen der größten italienischen Dichter sprechen: über Dante. *S.* – Wo und wann wurde Dante geboren? *P.* – Dante Alighieri wurde im Mai 1265 in Florenz geboren. Mit 9 Jahren sah er zum ersten Mal Beatrice, die Frau, die er in seinen Werken besang und verherrlichte. Beatrice starb 1290 und blieb für Dante immer ein unerfüllter Traum. Während seiner Jugend studierte Dante intensiv Philosophie und Theologie, wie es damals üblich war. Aber er interessierte sich auch für die politischen Ereignisse in Florenz. *S.* – Was geschah in Florenz zu jener Zeit? *P.* – Die Stadt war in zwei Parteien gespalten: in eine guelfische, die für den Papst war, und eine ghibellinische, die für den Kaiser war. Dante kämpfte gegen die Ghibellinen in der Nähe von Arezzo. Vom Jahre 1296 an hatte er verschiedene Ämter im Rat der Stadt inne. Er kämpfte für die Freiheit und Unabhängigkeit von Florenz vom Papst. Deshalb wurde er 1302 in die Verbannung geschickt. Dante mußte von Stadt zu Stadt gehen. Die letzten Jahre seines Lebens verbrachte er in

Ravenna. Er starb am 14. September 1321, als er noch in der Verbannung war. Sein berühmtestes Werk ist die „Göttliche Komödie“, ein Werk, das das gesamte italienische politische und kulturelle Leben jener Epoche widerspiegelt. Es ist in Versen von hohem dichterischem Wert geschrieben.

I.3. Grammatik

1. Das historische Perfekt – Il passato remoto

avere	essere
ebbi *ich hatte*	fui *ich war*
avesti	fosti
ebbe	fu
avemmo	fummo
aveste	foste
ebbero	furono

Der regelmäßigen Verben auf -are, -ere, -ire

parl-are	vend-ere	part-ire
parl-ai	vend-ei	part-ii
parl-asti	vend-esti	part-isti
parl-ò	vend-è	part-ì
parl-ammo	vend-emmo	part-immo
parl-aste	vend-este	part-iste
parl-arono	vend-erono	part-irono

Einige unregelmäßige Verben

stare	dare	fare	sapere
stetti	diedi	feci	seppi
stesti	desti	facesti	sapesti
stette	diede	fece	seppe
stemmo	demmo	facemmo	sapemmo
steste	deste	faceste	sapeste
stettero	diedero	fecero	seppero

volere	venire
volli	venni
volesti	venisti
volle	venne
volemmo	venimmo
voleste	veniste
vollero	vennero

Poter und **andare** werden regelmäßig konjugiert; **dovere** bildet entweder **dovei** oder **dovetti.**

scrivere scrissi- scrisse- scrissero	Die unregelmäßigen Formen beschränken sich auf die 1. und 3. Pers. Sing. und auf die 3. Pers. Pl.
mettere misi- mise- misero	
vivere vissi- visse- vissero	
nascere nacqui- nacque- nacquero	
vedere vidi- vide- videro	

2. Gebrauch des historischen Perfekts und des Imperfekts

Studiava filosofia. Tutti i giorni andava a casa. Era sempre puntuale.	Das Imperfekt bezeichnet die Dauer einer Handlung, gibt gewohnheitsmäßige Handlungen an und beschreibt einen Zustand.
Nacque il 2. 3. 1950.	Das historische Perfekt bezeichnet einmalige Begebenheiten, die in der Vergangenheit abgeschlossen sind.
I romani combatterono.	Dient zur Schilderung historischer Ereignisse.
Mentre era in esilio morì.	Unterbricht eine Handlung eine andere, so steht die unterbrechende im hist. Perfekt, die andere im Imperfekt.

I.4. Übungen

1. Setzen Sie das Verb in die richtige Form und Zeit:

Peter (nascere) il 23 del 4 1945 a Monaco di Baviera. Dante (morire) a Ravenna nel 1321, mentre (essere) in esilio. (scrivere) la divina commedia. Quando Karin (essere) piccola, (andare) a scuola tutte le mattine e (fare) gli esercizi. Quando tu (venire), io non (volere) fare una passeggiata, ma (stare) in casa. Loro non (mettere) mai quel vestito.

2. Übersetzen Sie:

Dante ist einer der größten Dichter Italiens. Er wurde im Jahre 1265 geboren. Er studierte Philosophie und Theologie. Er interessierte sich auch für die politischen Ereignisse der Stadt, die in zwei Parteien gespalten war. Er kämpfte für die Freiheit und Unabhängigkeit der Stadt. Er wurde in die Verbannung geschickt. Sein berühmtestes Werk ist die „Göttliche Komödie".

I.5. Wortschatz

il poeta	Dichter
assistere *assistere*	beiwohnen
la letteratura	Literatur
il professore	Professor
l'aula *f laula*	Hörsaal
nascere *naschere*	geboren werden
la donna	Frau
cantare	singen
celebrare *tschelebrare*	feiern, verherrlichen
l'opera *f lopera*	Werk, Oper
morire	sterben
il sogno *il sonjo*	Traum
irrealizzato	unerfüllt
la giovinezza *la dschowinezza*	Jugend
la teologia *la teolodschia*	Theologie
come si usa *. . . usa*	wie man pflegt

la vicenda *la witschenda*	Ereignis
diviso *diwiso*	geteilt, gespalten
guelfo	guelfisch
il Papa	Papst
ghibellino	ghibellinisch
l'imperatore *m*	Kaiser
l'incarico *m linkariko*	Amt, Auftrag
il comune	Gemeinde, Rat
lottare	kämpfen
la libertà *la liberta*	Freiheit
l'indipendenza *f*	Unabhängigkeit
l'esilio *m lesilio*	Verbannung
divino	göttlich
rispecchiare	widerspiegeln
l'epoca *f lepoka*	Epoche
il verso	Vers
il valore	Wert
poetico *poetiko*	poetisch

II.1. Altri tempi

Quando Karin e Peter frequentavano l'università erano altri tempi e c'erano altre usanze. Gli studenti erano più rispettosi verso i professori ed i docenti. Non si erano mai permessi di fare molti interventi e molte obiezioni e si erano sempre preparati molto bene alle lezioni. Oggi invece gli studenti interrompono spesso i docenti, dicono il loro parere, espongono le loro critiche, scioperano, boicottano i seminari ecc. Si è giovani, insoddisfatti e si vuole protestare, mostrare la propria frustrazione, perchè si è preoccupati per il proprio futuro nel mondo del lavoro. Karin e Peter si accorgono che tutti i muri sono pieni di scritte di protesta.

II.2. Übersetzung

Andere Zeiten

Als Karin und Peter die Universität besuchten, waren noch andere Zeiten, und es herrschten noch andere Sitten. Die Studenten hatten mehr Respekt vor den Professoren und Dozenten. Sie hatten sich nie erlaubt, viele Unterbrechungen und Einwände zu machen und waren immer gut auf die Unterrichtsstunden vorbereitet. Heute hingegen unterbrechen die Studenten häufig die Dozenten, sagen ihre Meinung, legen ihre Kritikpunkte dar, streiken, boykottieren die Seminare usw. Man ist jung, unzufrieden und will protestieren, die eigene Frustration zeigen, weil man besorgt ist um die eigene Zukunft in der Arbeitswelt. Karin und Peter merken, daß alle Wände voll mit Protestslogans sind.

II.3. Grammatik

1. Das Plusquamperfekt – Trapassato prossimo

parlare			
avevo	parlato	*ich hatte gesprochen*	Bezüglich der Bildung des Plusquamperfekts gilt das zur Bildung des Perfekts Gesagte siehe S. 72f.
avevi	parlato		
aveva	parlato		
avevamo	parlato		
avevate	parlato		
avevano	parlato		
entrare			
ero	entrato/-a	*ich war eingetreten*	
eri	entrato/-a		
era	entrato/-a		
eravamo	entrati/-e		
eravate	entrati/-e		
erano	entrati/-e		

2. Si + Adjektiv und Partizip Perfekt

Si è giovani. Si è insoddisfatti.	**Adjektive** stehen nach **si** immer im **Plural.**
Si è detto. *Man hat gesagt.* Si è fatto. *Man hat gemacht.*	**Partizipien** stehen in Verbindung mit **si** immer im **Singular maskulin.**

3. Accorgersi – bemerken

Mi accorgo delle scritte. Ti accorgi di tutto.	*Ich bemerke die Slogans.* *Du bemerkst alles.*
mi sono accorto/-a ci siamo accorti/-e	*ich habe bemerkt* *wir haben bemerkt*

II.4. Übungen

1. Berichten Sie im Plusquamperfekt:
essere in un bar, bere un caffè, poi pagare il conto, dare la mancia al cameriere, andare a fare una passeggiata.

2. Übersetzen Sie:
Man ist jung und zufrieden. Man hat gesagt, daß er nach Italien gefahren sei. Man hat alles gemacht. Man ist ruhig.

3. Übersetzen Sie:
Die Studenten unterbrechen die Dozenten und sagen ihre Kritikpunkte, streiken oft und boykottieren die Unterrichtsstunden. Man ist besorgt um die eigene Zukunft in der Arbeitswelt. Sie bemerken die Protestslogans an den Wänden.

II.5. Wortschatz

frequentare	besuchen	il docente *il dotsch**e**nte*	Dozent
l'usanza *f* *luṣ**a**nza*	Brauch, Sitte	permettersi *perm**e**ttersi*	sich erlauben
rispettoso	respektvoll		

26

l'intervento *m*	Intervention, Unterbrechung
l'obiezione *f*	Einwand
interrompere	unterbrechen
*interr**o**mpere*	
il parere	Meinung
esporre	vortragen
la critica	Kritik
*la kr**i**tika*	
boicottare	boykottieren
il seminario	Seminar
*il semin**a**rio*	
insoddisfatto	unzufrieden
protestare	protestieren
la frustrazione	Frustration
il muro	Mauer
la scritta	Aufschrift
la protesta	Protest

Lezione 27 – Lektion 27

Gli ultimi giorni in Italia

Die letzten Tage in Italien

I.1. Il notiziario

Karin e Peter sono a cena da amici. Tutti insieme ascoltano alla radio le ultime notizie del giorno.

(1. voce: *V1.*, 2. voce: *V2.*)

V1. Interrompiamo brevemente il nostro programma musicale per trasmettervi il notiziario della notte.

V2. Il segnale orario: sono le 23. Signori e signore buona sera.

V1. Roma: il presidente dello stato italiano si incontrerà domani con il presidente del consiglio dei ministri, eletto ieri ed incaricato di formare un nuovo governo. L'ultimo si è sciolto due settimane fa.

V2. Si spera che il nuovo presidente del consiglio dei ministri riesca a dare presto un governo all'Italia.

V1. Il segretario generale del P.C.I. (partito comunista italiano) si incontrerà domani a Parigi con il segretario generale del partito comunista francese, tornato cinque giorni fa dalla sua visita a Mosca.

V2. Tema di discussione sarà il rapporto fra eurocomunismo e l'Unione Sovietica.

V1. I sindacati italiani hanno indetto per domani uno sciopero di un'ora degli operai della FIAT.

V2. Milano: Il figlio di un industriale è stato rapito stamattina in Via Dante.

V1. Non si hanno ancora notizie dei rapitori, fuggiti con un Alfa Romeo.

V2. Notizie dall'estero. Teheran: Continua la guerra nel vicino oriente. Altre persone sono morte.

V1. Bonn: Il cancelliere tedesco tornato da Parigi, si recherà domani negli Stati Uniti per discutere con il presidente degli Stati Uniti sulla crisi del petrolio.

V2. Vi trasmettiamo ora le previsioni del tempo valevoli 24 ore. Su tutta l'Italia cielo sereno, venti da sud. La temperatura si aggirerà sui 25 gradi.

V1. Abbiamo trasmesso il notiziario della notte. Riprendiamo ora il nostro programma musicale.

I.2. Übersetzung

Die Nachrichten

Karin und Peter sind bei Freunden zum Abendessen. Alle zusammen hören die letzten Nachrichten des Tages im Radio. (1. Stimme: *V1.*, 2. Stimme: *V2.*)

V1. – Wir unterbrechen kurz unser Musikprogramm, um die Spätnachrichten zu senden. *V2.* – Das Zeitzeichen: 23 Uhr. Guten Abend, meine Damen und Herren. *V1.* – Rom: Der italienische Staatspräsident wird sich morgen mit dem Ministerpräsidenten treffen, der gestern ernannt und beauftragt worden ist, eine neue Regierung zu bilden. Die letzte hat sich vor zwei Wochen aufgelöst. *V2.* – Man hofft, daß der neue Ministerpräsident Italien bald eine Regierung geben kann. *V1.* – Der Generalsekretär der K.P.I. (Kommunistische Partei Italiens) wird sich morgen in Paris mit dem Generalsekretär der französischen kommunistischen Partei treffen, der vor fünf Tagen von seinem Besuch in Moskau zurückgekehrt ist. *V2.* – Thema der Diskussion wird die Beziehung zwischen dem Eurokommunismus und der Sowjetunion sein. *V1.* – Die italienischen Gewerkschaften haben für morgen einen einstündigen Streik der Fiatarbeiter angekündigt. *V2.* – Mailand: Der Sohn eines Industriellen ist heute morgen in der Dantestraße entführt worden. *V1.* – Man hat noch keine Nachricht von den Entführern, die mit einem Alfa Romeo entflohen sind. *V2.* – Meldungen aus dem Ausland: Teheran: Der Krieg im Nahen Osten geht weiter. Weitere Menschen sind ums Leben gekommen. *V1.* – Bonn: Der Bundeskanzler, der aus Paris zurückgekehrt ist, wird sich in die Vereinigten Staaten begeben, um mit dem Präsidenten der USA über die Ölkrise zu beraten. *V2.* – Wir senden nun die Wettervorhersage für die nächsten 24 Stunden. In ganz Italien wolkenloser Himmel, Südwind, Temperatur um 25 Grad. *V1.* – Wir brachten Spätnachrichten. Wir setzen nun unser Musikprogramm fort.

I.3. Grammatik

Partizipialsätze

il presidente elett**o** ieri *der Präsident, der gestern ernannt worden ist* il cancelliere tornat**o** ieri *der Kanzler, der gestern zurückgekehrt ist* la signora vist**a** ieri *die Frau, die ich gestern gesehen habe* i rapitori fuggit**i** *die Entführer, die geflohen sind*	Statt eines Relativsatzes im Perfekt kann man im Italienischen einen Partizipialsatz bilden, wenn das Relativpronomen im Nominativ oder Akkusativ steht. Das Partizip richtet sich in Genus und Numerus nach dem Substantiv, auf das es sich bezieht.

I.4. Übungen

1. Setzen Sie statt des Relativsatzes einen Partizipialsatz ein:
Mi è piaciuto molto il libro che ho letto ieri. Ho incontrato Maria che ho conosciuto un anno fa. Non si hanno notizie di Mario che è partito un mese fa per gli Stati Uniti. Ho incontrato l'amico che è venuto ieri da Monaco. La signora che è partita con il treno, non mi ha salutato.

2. Übersetzen Sie:
Peter und Karin hören die Spätnachrichten im Radio. Der italienische Staatspräsident trifft sich mit dem Ministerpräsidenten, der gestern ernannt worden ist. Man hofft, daß er Italien bald eine neue Regierung geben wird. Die italienischen Gewerkschaften haben einen einstündigen Streik der Arbeiter angekündigt. Der Sohn eines bekannten Industriellen ist in Mailand entführt worden. Wir senden die Wettervorhersage: In ganz Italien wolkenloser Himmel, Temperatur um 25 Grad.

I.5. Wortschatz

il notiziario *il notiziario*	Nachrichten
ascoltare	hören
la radio *la radio*	Radio
la voce *la wotsche*	Stimme
musicale	musikalisch
trasmettere *traṣmettere*	senden
il segnale orario *il senjale orario*	Zeitzeichen
il presidente	Präsident
incontrarsi	sich treffen
il ministro	Minister
eletto (eleggere) *(eleddschere)*	ernannt (ernennen, wählen)
incaricare	beauftragen
formare	bilden
il governo	Regierung
sciogliere *scholjere*	lösen, auflösen
il segretario *il segretario*	Sekretär
il partito	Partei
comunista	kommunistisch
Parigi	Paris
Mosca	Moskau
il tema	Thema
la discussione	Diskussion
il rapporto	Beziehung
l'eurocomunismo *m*	Eurokommunismus
l'Unione *f* Sovietica *... sowietika*	Sowjetunion
il sindacato	Gewerkschaft
indire	festlegen
l'operaio *m* *loperaio*	Arbeiter

il figlio *il filjo*	Sohn	gli Stati Uniti *lji . . .*	Vereinigte Staaten
l'industriale *m*	Industrieller	la previsione *la prewiṣione*	Vorhersage
rapire	entführen	valevole *walewole*	gültig
il rapitore	Räuber, Entführer	la temperatura	Temperatur
fuggire *fuddschire*	fliehen	aggirarsi *addschirarsi*	ungefähr betragen
la guerra	Krieg	riprendere *riprendere*	wiederaufnehmen
il vicino oriente *il witschino oriente*	der Nahe Osten		
il cancelliere *il kantschelliere*	Kanzler		

II.1. Buon compleanno

Peter ha avuto ieri il compleanno. Ha compiuto 34 anni; ormai va verso i 40 e questo lo ha un po' intristito. Karin però ce l'ha fatta a consolarlo facendogli dei regali stupendi. Sapeva che a Peter piacciono le pelletterie italiane. Perciò gli ha comprato una bella cintura marrone e un portafoglio della stessa tinta. Poi è andata in una pasticceria e ha ordinato una bella torta con le candeline. Al mercato delle pulci ha trovato inoltre un vecchio portasigarette d'argento. Davanti a tutti questi regali, Peter è rimasto di stucco. Non sapeva più che cosa dire – ha abbracciato affettuosamente la sua Karin.

II.2. Übersetzung

Alles Gute zum Geburtstag

Peter hat gestern Geburtstag gehabt. Er ist 34 Jahre alt geworden; jetzt geht er schon auf die 40 zu, und das hat ihn ein wenig traurig gestimmt. Karin hat es aber geschafft, ihn zu trösten, indem sie ihm wunderschöne Geschenke gemacht hat. Sie wußte, daß Peter die italienischen Lederwaren gefallen. Deshalb hat sie ihm einen schönen braunen Gürtel und eine Brieftasche in der gleichen Farbe gekauft. Dann ist sie in eine Konditorei gegangen und hat eine schöne Torte mit Kerzen bestellt. Auf dem Flohmarkt hat sie außerdem eine alte Zigarettendose aus Silber gefunden. Vor all diesen Geschenken war Peter sprachlos. Er wußte nicht mehr, was er sagen sollte – er hat seine Karin zärtlich umarmt.

II.3. Grammatik

Redewendungen

avere il compleanno	*Geburtstag haben*
compiere trent'anni	*30 Jahre alt werden*
aver compiuto trent'anni	*30 Jahre alt geworden sein*
avere trent'anni	*30 Jahre alt sein*
farcela	*es schaffen*
ce la faccio a consolarti	*ich schaffe es, dich zu trösten*
ce la faccio a venire	*ich schaffe es zu kommen*
ce l'ho fatta	*ich habe es geschafft*
ce l'ho fatta a venire	*ich habe es geschafft zu kommen*

II.4. Übungen

Übersetzen Sie:

Peter hat Geburtstag; er wird 34 Jahre alt. Karin schafft es, ihn zu trösten, indem sie ihm schöne Geschenke macht. Sie kauft ihm einen schönen braunen Ledergürtel und eine Brieftasche in der gleichen Farbe. Sie bestellt in einer Konditorei eine schöne Torte mit Kerzen. Auf dem Flohmarkt findet sie eine schöne Zigarettendose aus Silber. Peter umarmt sie zärtlich.

II.5. Wortschatz

il compleanno	Geburtstag
buon compleanno *buon …*	alles Gute zum Geburtstag
intristire	traurig werden
farcela *fartschela*	es schaffen
consolare	trösten
le pelletterie	Lederwaren
la cintura *la tschintura*	Gürtel
marrone	braun
tinta	Farbe
la pasticceria *la pastittscheria*	Konditorei

la torta	Torte
la candelina	Kerze
la pulce *la pultsche*	Floh
il mercato delle pulci	Flohmarkt
il portasigarette	Zigarettendose
l'argento *m* *lardschento*	Silber
rimanere di stucco	sprachlos sein
abbracciare *abbrattschare*	umarmen
affettuoso	zärtlich

Lezione 28 – Lektion 28

Una festa sui prati

Ein Fest auf der Wiese

I.1. Alla sagra

In Italia, d'estate si fanno molte feste popolari. Alla sagra si festeggia il patrono del paese. Questa festa è organizzata dalla chiesa. Peter e Karin vanno alla sagra di un paesino umbro nei dintorni di Perugia.

(Karin: *K.*, Peter: *P.*)

K. Uh... Peter, quanta gente! E che atmosfera... tutti cantano, ballano, mangiano, bevono e ridono.

P. C'è gente di ogni tipo: giovani, anziani, bambini, genitori, innamorati ...

K. Hai visto che ragazzine carine che ci sono, con gli occhioni neri e i capelli scuri?

P. E tutti sono allegri. Mischiamoci fra la folla.

K. Hai visto, Peter? Lì a destra c'è un'orchestrina che suona musica popolare: valzer, mazurche, tanghi ecc.

P. C'è anche qualche coppia di vecchietti che balla. Si divertono un mondo.

K. E che buon odorino che si sente. Andiamo a vedere che cosa c'è di buono da mangiare.

P. Dicevo! C'è la porchetta allo spiedo. Ho voglia di mangiarne un pezzettino con del pane campagnolo e tu?

K. Ci sto naturalmente. Possiamo anche bere un bicchierino di vino rosso.

P. Per me possiamo berne anche due. Non dico mai di no a queste cose. Andiamo!

K. Che ne diresti di ballare un po'? Stanno suonando un bel tango; è da un secolo che non ballo più.

P. Volentieri, Karin. Anch'io ho voglia di muovermi, poichè siamo stati seduti per tutto il tempo.

K. Sono tutta sudata. Abbiamo ballato mezz'ora senza pausa. Fammi prendere fiato, Peter!

P. Fra poco dovremo andarcene, se vogliamo arrivare in tempo al cinema.

K. Giusto, me ne ero completamente dimenticata.

I.2. Übersetzung

An Kirchweih

In Italien finden im Sommer viele Volksfeste statt. An Kirchweih feiert man den Schutzpatron des Dorfes. Dieses Fest wird von der Kirche organisiert. Peter und Karin gehen auf das Kirchweihfest eines kleinen umbrischen Dorfes in der Umgebung von Perugia.

(Karin: *K.*, Peter: *P.*)

K. – Uh, Peter, wie viele Leute! Und was für eine Atmosphäre ... alle singen, tanzen, essen, trinken und lachen. *P.* – Es gibt alle möglichen Leute: Junge, Alte, Kinder, Eltern, Verliebte ... *K.* –

Hast du gesehen, was für hübsche Mädchen hier sind, mit großen schwarzen Augen und dunklen Haaren? *P.* – Und alle sind lustig. Mischen auch wir uns unter die Menge. *K.* – Peter, hast du gesehen? Dort rechts ist eine kleine Musikkapelle, die Volksmusik spielt: Walzer, Mazurka, Tango usw. *P.* – Es tanzt auch manches ältere Paar. Es macht ihnen riesigen Spaß. *K.* – Und was für ein guter Duft. Schauen wir, was es Gutes zu essen gibt! *P.* – Dacht' ich mir's! Es gibt Spanferkel. Ich habe Lust, ein Stückchen davon zu essen, mit Landbrot. Und du? *K.* – Ich bin natürlich dabei. Wir können auch ein Gläschen Rotwein trinken. *P.* – Von mir aus können wir auch zwei trinken. Ich sage nie nein zu so etwas. Komm! *K.* – Möchtest du ein bißchen tanzen? Sie spielen gerade einen schönen Tango. Ich habe seit einer Ewigkeit nicht mehr getanzt. *P.* – Gerne, Karin. Ich habe auch Lust auf Bewegung, da wir die ganze Zeit gesessen haben. *K.* – Ich bin ganz verschwitzt. Wir haben eine halbe Stunde ohne Pause getanzt. Laß mich wieder Luft holen, Peter! *P.* – Wir müssen bald gehen, wenn wir rechtzeitig ins Kino kommen wollen. *K.* – Richtig, das habe ich völlig vergessen.

I.3. Grammatik

1. Verkleinerungs- und Vergrößerungssilben

Verkleinerung (mit dem Nebenbegriff des Zärtlichen)	
-ino: ragazzo – ragazz**ino**	*kleiner Junge*
-ina: ragazza – ragazz**ina**	*kleines Mädchen*
-etto: pezzo - pezz**etto**	*kleines Stück*
-etta: vecchia – vecchi**etta**	*nette Alte*
-ello: bambino – bambin**ello**	*liebes Kindlein*
-ella: bambina – bambin**ella**	*liebes Mädchen*
Vergrößerung	
-one: libro – libr**one**	*Wälzer*
-otto: giovane – giovan**otto**	*junger Mann*
Geringschätzung, Verachtung	
-accio: vento – vent**accio**	*fürchterlicher Wind*
-accia: parola – parol**accia**	*Schimpfwort*
-uccio: libro – libr**uccio**	*ärmliches Buch*
-uccia: casa – cas**uccia**	*ärmliches Haus*

Zwei Silben	
pezzo - pezz**etto** - pezz**ettino**	*Stückchen*
fiore - fior**ello** - fior**ellino**	*Blümchen*

2. Entstehung neuer Begriffe

Vielfach sind durch Anhängen derartiger Silben neue feste Begriffe entstanden	
libro – libretto ombrello – ombrellone	*Buch – Operntext* *Schirm – Sonnenschirm*
una donna – un donnone *eine Frau – ein Mannweib* una porta – un portone *eine Tür – ein Haustor* una scarpa – uno scarpone *ein Schuh – ein Bergschuh*	Feminine Substantive, die die Silbe **-one** annehmen, wechseln das Genus.

I.4. Übungen

1. Verkleinern Sie folgende Substantive:
la casa, il fiore, il pezzo, il ragazzo, la ragazza, il vecchio, la vecchia, il bambino, la bambina, l'orchestra, l'odore.

2. Vergrößern Sie folgende Substantive:
la donna, la scarpa, la porta, l'ombrello, il libro.

3. Wie drücken Sie Geringschätzung aus?
la parola, la casa, il vento, il libro.

4. Übersetzen Sie:
Peter und Karin gehen auf das Kirchweihfest in einem kleinen Dorf in der Umgebung von Perugia. Die Leute singen, tanzen, essen, trinken, lachen. Es gibt auch eine Musikkapelle, die Volksmusik spielt. Alle unterhalten sich sehr. Peter und Karin essen ein Stückchen Spanferkel und trinken ein Gläschen Rotwein. Es wird ein Tango gespielt. Peter und Karin gehen tanzen.

I.5. Wortschatz

la festa	Fest
il prato	Wiese
la sagra	Kirchweih
popolare	volkstümlich
festeggiare	feiern
*festeddsch**a**re*	
il patrono	Schutzpatron
umbro	umbrisch
i dintorni	Umgebung
ridere *r**i**dere*	lachen
anziano	alt
innamorato	verliebt
carino	hübsch
l'orchestra *f*	Musikkapelle
il valzer	Walzer
la mazurca	Mazurka
*la maẓ**u**rka*	

il tango	Tango
la coppia	Paar
*la k**o**ppia*	
il vecchietto	alter Mann
l'odore *m*	Geruch, Duft
la porchetta	Ferkel
lo spiedo	Spieß
campagnolo	ländlich
il bicchiere	Glas
muoversi	sich bewegen
*mu**o**wersi*	
sudare	schwitzen
la pausa	Pause
*la p**a**uṣa*	
prendere fiato	Luft holen
*pr**e**ndere...*	
in tempo	rechtzeitig

II.1. Ferragosto

Nei giorni del Ferragosto – dal 14 al 16 agosto – quasi tutti gli italiani abbandonano la città per fare una breve vacanza. C'è chi preferisce andare al mare e c'è invece chi va in montagna o al lago. Le città rimangono deserte, mentre si affollano le spiagge, soprattutto quelle adriatiche. Dappertutto c'è confusione, chiasso e nervosità; però tutti vanno in vacanza lo stesso. Nei luoghi di villeggiatura tutti gli alberghi sono al completo e anche i camping sono strapieni. Su tutte le strade italiane in questi giorni c'è molto traffico e purtroppo succedono molti gravi incidenti stradali. Non sarebbe meglio passare il Ferragosto tranquillamente a casa?

II.2. Übersetzung

Ferragosto

Während des „Ferragosto" – vom 14. bis zum 16. August – verlassen fast alle Italiener die Stadt, um einen kurzen Urlaub zu machen. Manche fahren am liebsten ans Meer, andere dagegen fahren ins Gebirge oder an einen See. Die Städte bleiben leer, während sich die Strände, vor allem die adriatischen, füllen. Überall herrscht Durcheinander, Lärm, Hektik; aber trotzdem fahren alle in Urlaub. In den Fremdenverkehrsorten sind alle Hotels ausgebucht, und auch die Campingplätze sind randvoll. Auf allen italienischen Straßen herrscht an diesen Tagen viel Verkehr, und es passieren leider viele schwere Verkehrsunfälle. Wäre es nicht besser, den „Ferragosto" gemütlich zu Hause zu verbringen?

II.3. Grammatik

Stellung der Adjektive

Einige Adjektive ändern je nach ihrer Stellung ihre Bedeutung	
vor dem Substantiv	nach dem Substantiv
un caro amico *ein lieber Freund*	una macchina cara *ein teures Auto*
un certo signor Müller *ein gewisser Herr Müller*	una notizia certa *eine sichere Nachricht*
un dolce pensiero *ein lieber Gedanke*	un vino dolce *ein süßer Wein*
un grand'uomo *ein bedeutender Mann*	una casa grande *ein großes Haus*
una povera persona *eine bedauernswerte Person*	una persona povera *eine arme Person*
una sola donna *eine einzige Frau*	una donna sola *eine alleinstehende Frau*
Adjektive stehen in ihrer Grundbedeutung meistens nach dem Substantiv, in einer übertragenen Bedeutung dagegen vor dem Substantiv.	

II.4. Übungen

Übersetzen Sie:

An Ferragosto fahren fast alle Italiener in Urlaub. Die Städte bleiben leer, während die Leute ans Meer, ins Gebirge oder an einen See fahren. Die Strände füllen sich, insbesondere die adriatischen. Überall findet man Durcheinander, Lärm und Hektik vor. Trotzdem fahren alle in Urlaub. Leider passieren viele schwere Unfälle, da viel Verkehr auf den italienischen Straßen herrscht.

II.5. Wortschatz

il Ferragosto	Augustfeiertag
abbandonare	verlassen
deserto	leer, öd
affollarsi	sich füllen
adriatico *adri**a**tiko*	adriatisch
il chiasso	Lärm
la nervosità *la nerwosit**a***	Hektik
lo stesso	trotzdem
la villeggiatura *la willeddschat**u**ra*	Urlaub
essere al completo ***e**ssere …*	ausgebucht sein
il camping *il k**ä**mping*	Campingplatz
strapieno	randvoll
grave	schwer

Lezione 29 – Lektion 29

I mass media

Die Massenmedien

I.1. Guardiamo la televisione

Karin e Peter sono stati invitati a cena da un signore conosciuto a Perugia. Dopo cena guardano la televisione.

(Karin: *K.*, signore: *S.*, Peter: *P.*)

K. Può accendere il televisore? Mi interesserebbe sapere come sono i programmi italiani.

S. Certamente, signora, così potrà fare un paragone con i programmi tedeschi. In Italia abbiamo due programmi della R.A.I. che vengono chiamati «primo canale» e «secondo».

P. Guardiamo cosa danno sul primo canale?

S. Prema il tasto a destra per favore, ecco. Ah, è un western americano. È appena iniziato. Ma devo dire che a me i western non mi piacciono affatto.

K. Nemmeno a me. Proviamo sul secondo. Mi sembra che sia un giallo.

P. Sicuramente ... l'assassino sono io e chi è la vittima? Tu, Karin?

K. Smettila di dire sciocchezze. Sono sicura che si tratti di un giallo; si capisce anche dalla musica che crea tensione, non senti?

S. La signora ha ragione: è proprio un giallo. Però sta finendo. Peccato, i gialli di Hitchcock sono fatti molto bene.

P. E adesso che si fa?

S. Eh, eh ... sorpresa, sorpresa! In Italia non ci sono problemi in questo senso. Abbiamo altri 5 programmi a scelta.

P. Che? Ci vuole prendere in giro?

S. Scherza, non oserei mai. In Italia ogni città e ogni regione ha alcuni programmi privati che non vengono prodotti dalla R.A.I.

K. Formidabile! E che cosa trasmettono questi programmi?

S. Su questi programmi vengono trasmessi soprattutto film e spettacoli musicali.

P. Ma è fantastico. C'è qualcosa per tutti.

S. Però ci sono alcuni lati negativi.

K. E quali sarebbero?

S. Su questi programmi non viene trasmesso il telegiornale e non ci sono trasmissioni informative. E purtroppo molti guardano solo questi programmi.

P. Questo è sicuramente un punto negativo.

S. Il secondo punto negativo è che sicuramente saranno aumentate le liti in famiglia, perchè ora è ancora più difficile mettersi d'accordo nella scelta di un programma.

K. Giusto, non ci avevo ancora pensato.

I.2. Übersetzung

Wir sehen fern

Karin und Peter sind von einem Herrn, den sie in Perugia kennengelernt haben, zum Abendessen eingeladen worden. Nach dem Essen sehen sie fern.

(Karin: *K.*, Herr: *S.*, Peter: *P.*)
K. – Können Sie den Fernseher anschalten? Es würde mich interessieren, wie die italienischen Programme sind. *S.* – Gewiß, meine Dame, dann können Sie einen Vergleich mit den deutschen Programmen ziehen. In Italien haben wir zwei Programme von der R.A.I., die „erster Kanal" und „zweiter" genannt werden. *P.* – Sehen wir, was sie im ersten Kanal bringen? *S.* – Drücken Sie den Knopf rechts, bitte, so. Ah, es ist ein amerikanischer Western. Er hat gerade begonnen. Aber ich muß sagen, daß mir Western überhaupt nicht gefallen. *K.* – Mir auch nicht. Probieren wir im zweiten. Es scheint mir, daß es ein Krimi ist. *P.* – Gewiß . . . der Mörder bin ich, und wer ist das Opfer? Du, Karin? *K.* – Hör auf, Blödsinn zu reden. Ich bin sicher, daß es sich um einen Krimi handelt; man merkt es auch an der Musik, die Spannung erzeugt, hörst du denn nicht? *S.* – Die Dame hat recht: Es ist wirklich ein Krimi. Aber er geht gerade zu Ende. Schade, die Krimis von Hitchcock sind sehr gut gemacht. *P.* – Und was machen wir jetzt? *S.* – Eh, eh . . . Überraschung, Überraschung! In Italien haben wir in diesem Sinne keine Probleme. Wir haben weitere 5 Sender zur Auswahl. *P.* – Was? Wollen Sie uns auf den Arm nehmen? *S.*– Was fällt Ihnen ein, ich würde es nie wagen. In Italien hat jede Stadt und jede Region einige private Sender, die nicht von der R.A.I. produziert werden. *K.* – Großartig! Und was senden diese Programme? *S.* – Von diesen Programmen werden hauptsächlich Filme und Musiksendungen ausgestrahlt. *P.* – Aber das ist toll! Da gibt es für jeden etwas! *S.* – Es hat allerdings auch Nachteile. *K.* – Und die wären? *S.* – In diesen Programmen werden keine Nachrichten gesendet, und es gibt keine Informationssendungen. Und leider schauen viele nur diese Programme an. *P.* – Das ist natürlich ein negativer Punkt. *S.* – Der zweite negative Punkt ist, daß sicher die Zahl der Familienstreitigkeiten angestiegen ist, weil es jetzt noch schwieriger ist, sich über die Programmwahl zu einigen. *K.* – Richtig, daran habe ich noch gar nicht gedacht.

I.3. Grammatik

1. Aktiv und Passiv im Satz

Peter paga il conto. Il conto è pagato da Peter. Il conto viene pagato da Peter.	Beim Passiv wird das Akkusativobjekt des Aktivs *(il conto)* zum Subjekt; das Subjekt des Aktivs *(Peter)* zum Objekt.

2. Das Passiv

sono invitato vengo invitato	*ich werde* *eingeladen*	Das Passiv wird gebildet mit essere oder bei einfachen Zeiten mit venire und dem Partizip Perfekt, das in Genus und Numerus mit dem Subjekt übereinstimmen muß.
sono invitata vengo invitata		
siamo invitati /-e veniamo invitati /-e		

I.4. Übungen

1. Setzen Sie folgende Sätze in das Passiv:

La televisione trasmette un programma privato. Un signore di Perugia invita Peter e Karin a cena. La R.A.I. trasmette due programmi. Karin ha fatto la valigia. Maria Pia ha preparato la cena stasera. Karin legge un libro di Dante. Peter ha portato la borsa.

2. Übersetzen Sie:

Nach dem Abendessen wird ferngesehen. In Italien gibt es zwei Programme, die von der R.A.I. produziert werden. Amerikanische Western gefallen mir nicht. Der Krimi geht gerade zu Ende, aber wir haben 5 weitere Programme zur Auswahl. In den Privatsendern werden keine Nachrichten und Informationssendungen ausgestrahlt. Es werden hauptsächlich Filme und Musikshows gesendet. Jetzt ist es noch schwieriger, sich über die Wahl des Programms zu einigen.

I.5. Wortschatz

i mass media *... media*	Massenmedien
il televisore	Fernseher
il paragone	Vergleich
la R.A.I. (Radio Audizioni Italiana)	Italienisches Fernsehen und Italienischer Rundfunk
il primo canale	erstes Programm
il western	Western
americano	amerikanisch
il giallo *il dsch**a**llo*	Kriminalfilm
l'assassino *m*	Mörder
la vittima *la w**i**ttima*	Opfer
la sciocchezza *la schokk**e**zza*	Blödsinn

creare	schaffen
la tensione	Spannung
osare *oṣ**a**re*	wagen
privato	privat
produrre	produzieren
formidabile *formid**a**bile*	großartig
il film	Film
il lato	Seite
negativo	negativ
il telegiornale *il teledschorn**a**le*	Nachrichten (im Fernsehen)
la trasmissione *la traṣmissi**o**ne*	Übertragung, Sendung
informativo	informativ
il punto	Punkt
la lite	Streit

II.1. La radio

Accanto alla televisione ed ai giornali c'è anche la radio che diffonde importanti notizie ed informazioni. In Italia la radio ha un grande numero di ascoltatori, soprattutto fra le casalinghe e i ragazzi. Le trasmissioni di maggiore ascolto sono quelle musicali. Da alcuni anni si possono ascoltare molti programmi privati alla radio. Questi trasmettono solamente musica leggera e pubblicità. Purtroppo non viene trasmesso il notiziario. Coloro che ascoltano esclusivamente i programmi privati, non vengono a sapere ciò che succede. Il livello d'informazione tende in questo modo ad abbassarsi.

II.2. Übersetzung

Das Radio

Neben dem Fernsehen und den Zeitungen gibt es auch das Radio, das wichtige Nachrichten und Informationen verbreitet. In Italien hat das Radio eine große Zahl von Hörern, hauptsächlich unter den Hausfrauen und den Jugendlichen. Die am meisten gehörten Sendungen sind die Musiksendungen. Seit einigen Jahren kann man im Radio viele Privatprogramme hören. Diese senden nur leichte Musik und Werbung. Leider werden keine Nachrichten ausgestrahlt. Diejenigen, die nur die Privatsendungen hören, erfahren nicht, was geschieht. Auf diese Weise hat das Informationsniveau die Tendenz zu sinken.

II.3. Grammatik

1. Gebrauch des Artikels

di Venezia a maggio viene giovedì	Die Namen der Städte, Monate und Wochentage werden ohne Artikel gebraucht.
l'America *f* l'Italia *f* il Lazio la Sicilia *(Sizilien)* il Tevere *(Tiber)* le Alpi *(Alpen)* *außer:* in America i paesi d'Italia in Sicilia	Die Namen der Erdteile, Länder, Regionen, Inseln, Flüsse und Gebirge werden mit dem bestimmten Artikel gebraucht. Treten die Päpositionen **di** und **in** vor die genannten Namen, so wird der bestimmte Artikel nicht gebraucht.
le opere dell'Alighieri un quadro del Picasso	Vor den Nachnamen bekannter Dichter, Maler usw. wird der bestimmte Artikel gesetzt.

2. Redewendungen

Ho saputo le ultime notizie. *oder* Sono venuto/-a a sapere le ultime notizie.	*Ich habe die letzten Nachrichten erfahren.*
sapere venire a sapere	*erfahren*

II.4. Übungen

1. Setzen Sie je nach Bedarf den Artikel oder die Präposition oder beides ein:
Peter e Karin sono ... Monaco e si trovano in vacanza ... Italia. Partono giovedì per ... Germania. Passeranno ... Alpi. Torneranno la prossima estate ... agosto. Ad Assisi hanno visto gli affreschi ... Giotto.

2. Übersetzen Sie:
Das Radio verbreitet Nachrichten und Informationen. Es hat eine große Zahl von Hörern, vor allem unter den Hausfrauen und Jugendlichen. Die am meisten gehörten Sendungen sind die Musiksendungen. Seit einigen Jahren gibt es auch private Sender im Radio, die insbesondere leichte Musik und Werbung senden.

II.5. Wortschatz

l'ascoltatore *m*	Hörer	coloro	diejenigen
la casalinga	Hausfrau	esclusivamente *eskluṣiwamente*	ausschließlich
l'ascolto *m*	das Zuhören	venire a sapere	erfahren
la musica leggera *la muṣika...*	leichte Musik	il livello	Niveau
		tendere *tendere*	tendieren
la pubblicità *la pubblitschita*	Werbung	abbassarsi	sich senken, sich erniedrigen

Lezione 30 – Lektion 30

La fine delle vacanze

Das Ende des Urlaubs

I.1. Sulla via del ritorno

Le vacanze sono finite. Karin e Peter sono sulla via del ritorno.

(Peter: *P.*, Karin: *K.*)

P. Karin, sei molto silenziosa; sei giù di morale?

K. Sì, mi dispiace molto lasciare l'Italia e soprattutto non mi va l'idea di dover cominciare a lavorare fra due giorni. Ormai mi sono abituata al dolce far niente.

P. A chi lo dici? Anche a me piacerebbe di più continuare la dolce vita – ma purtroppo la vita non è solo dolce. Bisogna svolgere i propri doveri ed assumersi le proprie responsabilità. Dove si va a finire altrimenti?

K. Certo, hai ragione, però ciò non mi fa passare la tristezza.

P. Beh, vedrai, ora a Monaco farà ancora bel tempo. Forse si potrà prendere il sole e faremo sicuramente delle lunghe passeggiate lungo il fiume. La sera andremo al cinema o a teatro.

K. Forse si potrà andare ancora nei giardini birreria insieme ai nostri amici.

P. Durante i week-end faremo qualche gita ai laghi e se vuoi andremo a funghi.

K. D'accordo. Una mia collega conosce un buon posto, dove si trovano molti porcini.

P. Inoltre desidero riprendere le mie attività sportive: andrò a giocare a tennis e a nuotare. Il nuoto farebbe bene anche a te, Karin!

K. Sicuramente non hai torto. Forse comincerò anch'io ad andare regolarmente in piscina.

P. Come vedi, se vogliamo, possiamo divertirci anche a Monaco. E poi … non vedo l'ora di poter andare di nuovo a sciare.

K. Non esagerare adesso, Peter! È ancora estate e tu pensi già alla neve. Sei impossibile!

I.2. Übersetzung

Auf dem Heimweg

Der Urlaub ist zu Ende. Karin und Peter sind auf dem Heimweg.

(Peter: *P.*, Karin: *K.*)

P. – Karin, du bist sehr ruhig; bist du traurig? *K.* – Ja, es tut mir sehr leid, Italien verlassen zu müssen, und vor allem paßt es mir nicht, in zwei Tagen zu arbeiten. Mittlerweile habe ich mich an das „süße Nichtstun" gewöhnt. *P.* – Wem sagst du das? Mir würde es auch mehr Spaß machen, das „süße Leben" fortzusetzen, aber das Leben ist nun einmal nicht nur süß. Man muß seine Pflichten erfüllen und seine Verantwortung übernehmen. Wo käme man sonst hin? *K.* – Gewiß, du hast recht, aber das nimmt mir nicht meine Traurigkeit. *P.* – Ah, warte nur, in München ist jetzt sicher noch schönes Wetter. Vielleicht kann man noch sonnenbaden, und wir werden sicher lange Spaziergänge den Fluß entlang machen. Abends werden wir ins Kino oder ins Theater gehen. *K.* – Vielleicht können wir noch mit unseren Freunden in den Biergarten gehen. *P.* – An den Wochenenden werden wir Ausflüge an die Seen machen, und wenn du willst, werden wir Pilze suchen gehen. *K.* – Einverstanden. Eine Kollegin von mir kennt einen guten Platz, wo man viele Steinpilze findet. *P.* – Außerdem möchte ich meine sportlichen Aktivitäten wieder aufnehmen: Ich werde Tennis spielen und schwimmen gehen. Schwimmen würde dir auch guttun, Karin! *K.* – Du hast sicher nicht unrecht. Vielleicht fange ich auch an, regelmäßig ins Schwimmbad zu gehen. *P.* – Du siehst, wenn wir wollen, können wir auch in München unseren Spaß haben. Und dann ... ich kann es kaum erwarten, wieder Ski fahren zu können. *K.* – Jetzt übertreib mal nicht, Peter. Es ist noch Sommer, und du denkst schon an den Schnee. Du bist unmöglich!

I.3. Grammatik

Der Infinitiv

1. Der präpositionslose Infinitiv

bisogna studiare è facile/difficile studiare conviene andare piace fare dispiace partire	Der präpositionslose Infinitiv steht nach unpersönlichen Ausdrücken.
si deve studiare si può studiare volere, sapere, fare, lasciare	nach den modalen Hilfsverben
desidero studiare preferisco studiare vedere, sentire, osare, ecc.	nach Verben sinnlicher Wahrnehmung

2. Der Infinitiv mit di

avere voglia di parlare avere il desiderio di avere la possibilità di, ecc.	nach Substantiven
spero di venire credo di venire permettere, ordinare, chiedere, ecc.	nach Verben, die ein Gefühl oder eine Meinung ausdrücken.

3. Der Infinitiv mit a

ti aiuto a studiare andare a nuotare cominciare, continuare, prepararsi, riuscire, iniziare, ecc.	nach Verben der Bewegung und nach Verben, die das Streben nach einem Ziel, Zweck zum Ausdruck bringen

4. Der Infinitiv mit da

la sala da pranzo *Speisesaal* la macchina da scrivere *Schreibmaschine*	als Attribut nach Substantiven, um einen Zweck auszudrücken
ho da fare avere da fare Il libro è da leggere. *Das Buch muß gelesen werden.*	nach den Hilfsverben essere und avere, um eine Notwendigkeit auszudrücken.

I.4. Übungen

1. Setzen Sie vor den Infinitiv die jeweils erforderliche Präposition:
Oggi ho molto ... fare. Sarà facile ... tradurre l'esercizio. Proverò ... studiare. Non riesce ... spegnere il televisore. Devo andare ... nuotare. Hanno deciso ... partire domani. Speriamo ... incontrarti in Italia. Non ti consiglio ... prendere questo treno. Non so ... leggere questa lettera. Bisogna ... studiare di più. Questo lavoro è ... fare.

2. Übersetzen Sie:

Karin tut es sehr leid, Italien verlassen zu müssen. Sie ist traurig. Sie hat sich an das „süße Nichtstun“ gewöhnt. Das Leben ist aber nicht nur süß. Jeder muß seine Pflichten erfüllen. In München werden Peter und Karin lange Spaziergänge den Fluß entlang machen. Abends werden sie ins Kino oder ins Theater gehen. Peter möchte Tennis spielen und schwimmen. Das Schwimmen würde auch Karin guttun. Vielleicht wird sie auch regelmäßig ins Schwimmbad gehen. Peter freut sich schon auf das Skifahren. Es ist noch Sommer, und er denkt schon an den Schnee.

I.5. Wortschatz

silenzioso	ruhig
essere giù di morale *essere dsch**u** …*	traurig sein
mi va l’idea	es paßt mir
il dolce far niente *il d**o**ltsche …*	das süße Nichtstun
svolgere *ṣw**o**ldschere*	erfüllen, ausführen
il dovere	Pflicht
assumersi *ass**u**mersi*	auf sich nehmen
la tristezza	Traurigkeit
il fiume	Fluß
il giardino birreria *il dschard**i**no birrer**i**a*	Biergarten
il week-end *il w**i**kend*	Wochenende
il fungo	Pilz
andare a funghi	Pilze suchen gehen
il porcino *il portsch**i**no*	Steinpilz
l’attività *f* *lattiwit**a***	Aktivität
non vedere l’ora	nicht erwarten können
la neve	Schnee

II.1. Ultime riflessioni

Peter e Karin hanno fatto un bel viaggio attraverso l’Italia, ricco di impressioni ed avventure. Hanno conosciuto molte persone gentili ed interessanti che sono state molto ospitali e generose. Avranno bei ricordi per le lunghe sere d’inverno. Hanno potuto esercitare ciò che hanno imparato nel corso d’italiano e senza dubbio hanno fatto dei progressi enormi durante le vacanze. È molto più bello fare vacanze in Italia se si sa la lingua. Si può conoscere molta gente e si hanno molte più informazioni, perciò continueranno a frequentare il corso.

II.2. Übersetzung

Ein letztes Nachdenken

Peter und Karin haben eine schöne Reise durch Italien gemacht, reich an Eindrücken und Erlebnissen. Sie haben viele freundliche und interessante Menschen kennengelernt, die sehr gastfreundlich und großzügig gewesen sind. Sie werden schöne Erinnerungen für die langen Winterabende haben. Sie haben das, was sie im Italienischkurs gelernt haben, üben können und haben zweifellos während des Urlaubs riesige Fortschritte gemacht. Es ist viel schöner, in Italien Urlaub zu machen, wenn man die Sprache kann. Man kann viele Leute kennenlernen, und man bekommt viel mehr Informationen, deshalb werden sie den Kurs weiterbesuchen.

II.3. Grammatik

Redewendungen

non vedere l'ora non vedo l'ora di partire	*es nicht erwarten können* *ich kann es kaum erwarten, zu fahren*
andarsene me ne vado te ne vai se ne va ce ne andiamo ve ne andate se ne vanno	*weggehen* *ich gehe weg*

II.4. Übungen

Übersetzen Sie:

Peter und Karin fahren nach München zurück. Sie haben eine schöne Reise gemacht, die reich an Eindrücken und Erlebnissen gewesen ist. Sie haben viele interessante und freundliche Menschen kennengelernt. Sie haben Italienisch üben können und

30 riesige Fortschritte gemacht. Es ist viel schöner, Urlaub zu machen, wenn man die Sprache kennt. Sie können es kaum erwarten, wieder nach Italien fahren zu können.

II.5. Wortschatz

la riflessione	Überlegung, Nachdenken	imparare	lernen
attraverso	durch, hindurch	il dubbio	Zweifel
l'avventura *f*	Erlebnis, Abenteuer	*il dubbio*	
		senza dubbio	zweifellos
		enorme	riesig

Notizen

Notizen

humboldt-taschenbücher

Garten
Garten im Jahreslauf (202)
Gartenarbeit (252)
Unser Garten (254)
Rosen f. j. Garten (347)
Balkon – Terrasse (350)
Obst und Gemüse im
eigenen Garten (403)
Hydrokultur (413)

Schach
Schach f. Anfänger (85)
Schach o. Partner (299)
Schachtaktik (363)
Eröffnungsspiele (386)
Schach ohne Partner (432)
Bauer im Schachspiel (433)

Kartenspiele
Kartenspiele (199)
Skat (248)
Bridge (273)
Patiencen (293)

Gesellschaftsspiele
Wer knobelt mit? (143)
Zaubertricks (164)
Spielen Sie mit (190)
Mit Zahlen spielen (237)
Gesellschaftsspiele (281)
Brettspiele/Denkspiele (282)
Glücksspiele (309)
Schreibspiele/
Streichholzspiele (352)
200 Spiele (401)
Würfelspiele (412)

Quiz
Frag mich – ich antworte (23)
Wer weiß es (68)
Frag mich was (79)
Frag noch was (83)
Frag weiter (90)
Kreuzworträtsel-Lexikon (91)
Wer ist das (118)
Quiz i. Wort u. Bild (174)
Rätsel, leicht gelöst (263)

Tests
Spaß mit Tests (195)
Teste Deine Intelligenz (225)

ht-sport für alle

Allgemein
Taschenbuch d. Sports (302)
Sportbegriffe von A–Z (324)

Fitness/Gymnastik/Yoga/Laufen
Yoga (82)
Gymnastik für alle (228)
Yoga + Gymnastik (333)
Lauf dich fit (382)
Radfahren (421)

Ballsportarten
Volleyball (436)

Judo/Karate
Selbstverteidigung (178)
Judo/Karate/Taekwon-Do (372)
Judo f. Jugendliche (391)

Sportschießen
Sportschießen (300)

Wassersport/Angeln
Segelsport (123)
Angeln und Fischen (206)
Tauchen mein Hobby (277)
Taschenlexikon
Wassersport (304)
Segelsurfen Anfänger (305)
Kanu (326)
Meeresangeln (327)
Taschenlexikon Segelsport (349)
Segelsurfen für
Fortgeschrittene (398)

Skisport
Skilanglauf (241)
Skisport-Berater (242)
Ski aktuell (265)

Tennis/Squash/Golf
Tennis-Regeln (253)
Golf (279)
Squash (360)
Tennis-Training (374)
Tennis-Gymnastik (395)
Tennis: Schlagtechnik (420)

Reiten
Moderne Reitlehre (205)
Pferde u. Reiten (323)
Pferderennen + Wetten (348)
Pferd f. Freizeit u. Sport (380)
Mit Pferden umgehen (427)

Kegeln/Bowling/Billard
Kegeln (243)
Billard (419)

ht-sprachen

Englisch
Englisch in 30 Tagen (11)
Englisch f. Fortgeschr. (61)
Englisch lernen –
Bild f. Bild (296)

Französisch
Französisch in 30 Tagen (40)
Französisch f. Fortgeschr. (109)
Französisch lernen –
Bild f. Bild (297)

Spanisch
Spanisch in 30 Tagen (57)
Spanisch lernen –
Bild f. Bild (345)

Italienisch
Italienisch in 30 Tagen (55)
Italienisch f. Fortgeschr. (108)
Italienisch lernen –
Bild f. Bild (344)

Weitere Sprachen
Russisch in 20 Lekt. (81)
Dänisch in 30 Tagen (124)
Serbokroatisch f. d. Urlaub (183)
Griechisch f. d. Urlaub (373)

ht-moderne information

Kultur + Kunst
Musikinstrumente (70)
Taschenlexikon der Antike (180)
Baustile (351)
Malerei (397)

Wirtschaft
Wirtschaftslexikon (24)
Betriebswirtschaft (153)
Volkswirtschaft (246)
Begriffe d. Managements (261)

Philosophie
Wörterbuch d. Philosophie (43)

Geschichte
Weltgeschichte (291)

Technik/Elektronik
Computerrechnen (146)
Wie Transistoren
funktionieren (151)
Elektrotechnik (163)
Datenverarbeitung (200)
Mikroprozessoren (338)

Biologie
Pflanzen bestimmen (208)
Tiere bestimmen (209)

Aktuelle Information
Im Rausch der Drogen (140)
Erweitern Sie Ihren
Wortschatz (170)
Die neuesten Wörter (187)
Weltatlas (227)
Astrologie (284)

Psychologie
Psychoanalyse (168)
Taschenbuch
d. Psychologie (238)
PSI – rätselhafte Kräfte
des Menschen (244)
Erkenne dich –
erkenne andere! (283)
Wörterbuch
der Psychologie (416)